DUMONT
杜蒙·阅途

附赠地图

日本

德国梅尔杜蒙公司 编著
闫俊 译

北京出版集团公司
北京出版社

书名原文:Japan
© MAIRDUMONT GmbH&Co.KG, Ostfildern

图书在版编目(CIP)数据

日本/德国梅尔杜蒙公司编著;闫俊译. — 北京:北京出版社,2019.3

(杜蒙·阅途)

书名原文:Japan

ISBN 978-7-200-14523-6

Ⅰ.①日… Ⅱ.①德… ②闫… Ⅲ.①旅游指南—日本 Ⅳ.①K931.39

中国版本图书馆CIP数据核字(2018)第277329号

图　字:01-2018-0474号　　审图号:GS(2018)5419号

责任编辑:黄雯雯
执行编辑:王若凡
封面设计:魏建欣
责任印制:武绽蕾

杜蒙·阅途

日本

RIBEN

德国梅尔杜蒙公司　编著

闫俊　译

*

北　京　出　版　集　团　公　司
北　京　出　版　社　　　　　　出版

(北京北三环中路6号)

邮政编码:100120

网　　　址:www.bph.com.cn

北 京 出 版 集 团 公 司 总 发 行

新　华　书　店　经　销

天津市银博印刷集团有限公司印刷

*

787毫米×1092毫米　32开本　4.75印张　190千字
2019年3月第1版　2019年3月第1次印刷

ISBN 978-7-200-14523-6

定价:60.00元

如有印装质量问题,由本社负责调换

质量监督电话:010-58572393

来自德国的问候
预祝您拥有一个美好假期!

亲爱的读者:

或许您会问自己,为何您买了一本德国而非本国制作的旅行指南?但请放心,您已经为此做出一个正确而又明智的选择。

在2012年中国取得全球旅行冠军之前,该头衔一直被德国保持。对于德国这样一个"小国家"来说,这是令人惊叹的!原因可能是,自1950年开始,旅行的梦想对于广大的德国人来说开始变得更为现实。因此,梅尔杜蒙在与北京出版集团的合作中茁壮成长。

"梅尔杜蒙"的故事是一个了不起的故事,从充满冒险的旅程到成为家族的旅行事业,直至今天已传承三代,现由创始人的孙女继续领航这一成功之旅。如今的"梅尔杜蒙"已是欧洲旅游产品领域遥遥领先的品牌。

手握这样一本旅行指南,您可以高枕无忧。请您相信,无论您要去的是世界的哪个地方,梅尔杜蒙近百年的专业经验以及适合中国旅行者的本土化信息,都可以帮您更精确地了解旅行目的地。

请您开始一段全新的奇遇之旅吧!

这本书会是一个随时陪伴您的伙伴,预祝您有一段充满新的发现和希望的完美旅程!

中国作者
Co酱

她是自由旅行撰稿人、日本旅行玩家、私人旅行定制师、公众号"CO酱游日本"创始人。Co酱用安静的文字去解读日本，坚持用自己的脚步去丈量日本的每一寸土地，用自己的味蕾去品尝日本的美食，用心去看一个真实、美丽、不一样的日本……

德国作者
安吉拉·科勒
雷纳·科勒

安吉拉（Angela Köhler）和雷纳·科勒（Rainer Köhler）在日本生活和工作了30年，慢慢地喜欢上了这个国家、这里的人和他们的思想文化。对于这里来说，他们已不再是陌生人，他们熟知这里的一切。作为新闻记者，对于日本独特的事物和变化，他们敏感并善于去捕捉。在日本寻找新鲜事物，让安吉拉觉得每天都过得激动人心。

梅尔杜蒙的故事

　　希尔德（Hilde）和库尔特·梅尔（Kurt Mair）是为旅行而生的。早在20世纪20年代第一次世界大战刚刚结束时，他们就驾驶着汽车或者摩托车穿梭在欧洲大陆上。漏气的轮胎、过热的冷却机、失灵的刹车，这些都无法阻挡他们前进的步伐。那时有很多我们今日无法想象的场景，甚至没有一张地图！即使是这样，连撒哈拉大沙漠也无法阻挡梅尔夫妇的冒险之旅。同样他们也会做测绘之旅，这些被探测的路况信息会被精确地整理和保存。第二次世界大战结束后，1948年，库尔特·梅尔成立了公司，路书和地图册是他们的主营产品。库尔特·梅尔离世后，他时年26岁的儿子福尔克马尔·梅尔（Volkmar Mair）继承并领导这个企业，为今天的梅尔杜蒙集团打下了基石，使集团成为一个全球性的媒体集团，其在全球拥有多家办事处，员工380名，年销售额约1亿欧元。

　　今日的梅尔杜蒙集团不仅提供地图，旅行指南、旅行画册、旅行冒险和电子产品构成了集团丰富的产品组合。在中国，梅尔杜蒙与北京出版集团于2014年成立了合资公司，开始服务于中国旅行者日益增长的需求。

日本

8	欢迎来到日本
14	当地锦囊
16	体验日本
	16 免费畅游
	17 本色日本
	18 雨天游玩
	19 休闲之所
20	潮流之选
22	日本面孔
28	美食
32	购物

34	日本北部
	34 会津若松
	35 青森
	37 新潟
	38 札幌
	40 仙台
42	日本东部和中部
	43 箱根　　45 镰仓
	47 金泽　　49 长野
	51 名古屋　54 日光
	56 东京
70	日本西部
	70 姬路　　74 广岛
	77 神户　　78 京都
	92 奈良　　97 冈山
	98 大阪

图标

当地锦囊	当地锦囊
★	必游景点
●●●●	体验日本
↙	远眺点
🌱	适合环保、生态旅游
(*)	拨打需付费的电话号码

酒店价格（含早餐的双人房）

¥¥¥ 人民币1560元以上
¥¥ 人民币1170~1560元
¥ 人民币1170元以下

餐厅价格

¥¥¥ 人民币430元以上
¥¥ 人民币195~430元
¥ 人民币195元以下

午餐价格。晚餐的价格往往要高得多

目录

104 日本南部
 104 别府
 107 福冈
 108 鹿儿岛
 110 长崎
 113 冲绳

116 独特体验之旅
 116 日本最美之旅
 120 富士山攀登之旅
 122 南部乡村风之旅
 125 神圣朝圣之旅
 127 原始北海道之旅

130 户外活动

134 带着孩子旅行
136 每月节庆与活动
138 旅行随时查
140 实用信息
146 教你当地话
150 索引
152 禁忌事项

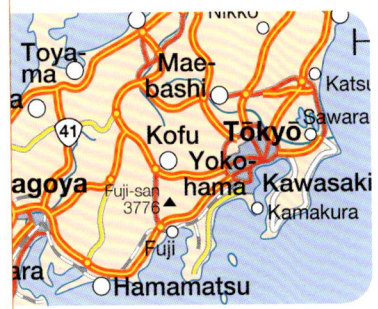

信息检索
历史事件表→P.10
特色美食→P.30
书籍/电影→P.59
卡拉OK→P.65
日式旅馆→P.68
节庆日→P.137
货币汇率→P.141
它们值多少钱→P.143
东京天气→P.144

地图标注
（折页A-B2-3）：折页地图上的位置
（折页a-b2-3）：折页地图中附加地图上的位置

欢迎来到日本

日本之旅能让您领略到来自异国的科技、美食还有传统文化的独特之处。您还能体会这个国家的人民在樱花盛开之际的喜悦之情,亲眼见证晚秋时节寺庙和花园中的树叶成就一幅色彩斑斓的画卷。

远道而来的客人能在此享受温泉之乐、品尝最新鲜的生鱼片,还能乘坐世界上最准时的火车——日本新干线。在雅致的花园感受建筑、自然和人的完美结合,在熙熙攘攘的高科技园区探索未来。您会在此偶遇礼貌的当地人,并对他们在狭小空间中静谧、和谐的相处方式感到惊讶。

这是神奇的日本。"这里能满足我的一切期待,"诺贝尔文学奖得主索尔·贝洛(Saul Bellow)在高雅的京都俵屋(Tawara Ya)旅馆的留言簿上这样写道,"宜人、安宁和美好。"打扮精致的艺伎令游客惊艳不已。丝制和服能将普通女人变成精致的瓷娃娃,将小女孩变成多彩的蝴蝶。日本青年日常虽身着统

上图:富士山一景

日本

日本地标性建筑：宫岛的木制朱红色鸟居（译者注：鸟居是类似牌坊的日本神社附属建筑，代表神域的入口，用于区分神栖息的神域和人类居住的世俗界）

一的校服，但他们休闲时也会穿上个性独特的服饰。

日本人很会适应生活，他们会直接忽视那些让人难以忍受的事情。他们懂得去欣赏哪怕是一朵在窗前高架桥混凝土夹缝中生存的小花。日本人还很友善，外国游客很难找到理由抱怨当地人不礼貌。即使面对庞大的游客群体，日本人依然彬彬有礼。日本人的原则是：我们欢迎您，但也请您遵守我们的规定。尤其是在公共浴池或不穿鞋的日式传统餐厅，当游客径直闯入日本当地人的生活时，应当遵循这个原则。

当代日本人坚信，外国人从未或不能完全理解他们。毫无疑问，日本是与

前10000年—300年	300年—710年	710年—794年	794年—1192年	1467年—1573年	1587年
绳纹时代，最早有人定居于今天的日本。	第一代天皇朝代。	奈良时代，佛教成为国教。	平安时代，建立京都，日本文字诞生，建立武士阶级。	战国时代，战乱纷争，内战延续了百年之久。	开始了对基督教徒的追捕和迫害。

欢迎来到日本

众不同的国家。这个国家1/3的事物都很夺人眼球，还有一部分待人发掘，而剩下的几乎难以言喻。人们需要以细腻的情感来对待文化差异问题。您想用同等价格入住一个更好的旅馆吗？最好不要期待导游或接待者会自发地站在您的角度考虑，为您规划。在日本，即便是微小的细节也需要集体共同商议，极少需要真正的决断者个人做出决定。

地处孤岛和长期政治孤立使日本形成了相对单一化的思想和社会结构，以及有迹可循的民族史和文化。但日本是多元文化国家，没人能确切说出日本文化究竟源自哪里，是中国、韩国、西伯利亚，还是波利尼西亚？今天，日本在艺术和文化领域所创造的傲人成绩，如复杂的文字、精美的瓷器、高雅的漆器和优雅的和服，都渗透着多种文化的智慧。

日本是富有的国家，至少从数据上显示，其人均收入在世界范围内居于前列。在1亿多人口中将近90%的居民属于中产阶级，但在富足下或多或少也隐藏着贫穷。在日本，不少流浪汉将大城市的公园或河畔的包装纸箱当作他们的栖身之所。一个不容忽视的事实是，消费型的日本社会时常会忽视一些底层的人。

> 高雅文化和多元文化。

日本经历过伤痛，不仅由于原子弹曾袭击过广岛和长崎，原因还包括自然灾害和人为的错误。2011年3月11日，在日本东北部发生了前所未有的9.0级地震，这次地震继而引发了可怕的海啸，海啸席卷了沿岸，几天后导致了核灾难。经历过这次可怕灾难的人们不会忘却这一世纪灾难。太平洋上的死亡瞬间、令人担忧的核电站反应堆、超级核危机使这个工业强国受到重创。

灾难过后，这些受灾区失去了昔日的样貌。而灾难造成的直接损失保守估计达3 000亿欧元。那时的日本在政治上首先陷入了僵局，但随后国家以惊人的

1603年 德川家康（Tokugawa Ieyasu）任征夷大将军，将府邸安置在江户（今东京）。日本天皇被剥夺权力，开始了江户时代。

1641年 闭关锁国。

1868年 明治维新开始，结束幕府统治和闭关锁国。

1910年 日本吞并朝鲜半岛。

1937年 日本侵略中国。

1941年 随着日本偷袭珍珠港，太平洋战争开始。

日本

速度恢复过来。地震灾难这一戏剧性的篇章虽给人留有伤痛，但随着时间的流逝还是渐渐淡出视野。作为游客，人们今天可以在包括福岛县（Fukushima）在内的任意地区游览。

> **最美的是樱花盛开和树叶色彩缤纷的时节。**

日本人善于反省。福岛核泄漏事故引起了人们对信仰和标准的思考。什么是生命的价值？像勤劳的工蜂一天忙碌工作16个小时？工厂真的能代替家庭吗？政府永远是正确的吗？尤其是思考了这些问题：核能真的安全吗？核能真能武装我们的国家吗？日本的科技工作者为此陷入了深深的忧虑，对核能的存在提出了质疑，因核事故而领悟到生活的哲理。这个追求和谐的国家里一下涌现出了许多批评的声音。

日本努力控制危机。作为世界一大经济体的日本的经济在近20年间陷入过萧条、衰退和通货紧缩，但随后，宽松的经济政策为日本的发展带来了新转机。政治和经济上的共同努力降低了失业率、增加了薪资，罢工现象得到了好转。

日本敞开了国门，日本旅游业正在经历历史上从未有过的繁荣。每年有数百万亚洲人（其中主要游客来自中国）到日本旅行，尤其是超级大都市东京（Tokyo）和大阪（Osaka）。繁荣的旅游业使机票、火车票和酒店的价格节节攀升，但比起从前，您能用更短的时间穿过这个国家，繁密的航空和铁路线路能把您带到任何您想去的地方。日本的7月和8月会变得很炎热，最美的时节是樱花盛开的3月、4月和树叶色彩缤纷的10月至12月。

日本的语言和文字系统虽然很复杂，但对于中国人来说，日文中大量的汉字会让人倍感亲切。而且在百万人口的大城市，城市中心有许多指示牌都被翻译成了英文。您还能通过肢体语言等形式进行沟通。您可以向当地人寻求帮助，

1945年 广岛和长崎遭到原子弹袭击，日本投降。裕仁天皇必须放弃传统日本天皇的神圣权力，他并没有被美国提交至国际法庭接受审判。

1947年 《和平宪法》生效，普选产生参议员，日本国会建立。

1989年 明仁天皇登基，平成时代开始。

1995年 神户（Kobe）大地震。

2002年 韩日世界杯。

欢迎来到日本

东京时尚地标：涩谷火车站川流不息的行人和巨大的屏幕

他们向来是乐于助人的。请您相信日本值得期待，这个岛国正在等着您到来！

> 日本有温泉，也有高科技区。

2006年 悠仁亲王出生，这是皇室自文仁亲王出生后41年以来的第一个男孩。

2010年 奈良（Nara）庆祝纪念其前身"平城京"建立1300周年。

2011年 世纪灾难：3.11大地震、海啸、福岛核电站核泄漏事故。

2020年 7月24日—8月9日，东京将举办夏季奥运会。

当地锦囊

从所有的当地锦囊中，我们为您挑选出了15条最棒的旅行建议。

当地锦囊 ▶ 潮流风向标

电脑游戏、小配件和Cosplay咖啡厅——东京的秋叶原绝对是科技胜地，在这里您能发现潮流趋势。→**P.63**

当地锦囊 ▶ 艺伎的秘密

当您夜晚穿过东京传统的祇园时，可以感受"女性艺术"的世界（下页图）。→**P.78**

当地锦囊 ▶ 最好的一切

一位来自横滨的富有的丝绸商从20世纪初开始，将许多建筑艺术珍宝收于Sankei In这座美丽的花园里，这座花园现对外开放。→**P.69**

当地锦囊 ▶ 工薪阶层可享用到的顶级牛肉

这家店的神户牛排价格实惠，让您品尝顶级牛肉又不会变穷。→**P.77**

当地锦囊 ▶ 静谧和品茶

在京都二年坂和三年坂的石板路上，您能在品尝一壶绿茶的同时想象一下古时的东京。→**P.84**

当地锦囊 ▶ 依水而建

在日本，有一个地方让您体验到地中海的风情。您可入住冲绳疗养胜地巴塞那特雷斯度假酒店。→**P.114**

当地锦囊 ▶ 随处可见的和服

日本传统服装在此时强势回归！每年1月为庆祝成年，21岁的年轻人会身着和服穿梭在大街小巷。→**P.136**

当地锦囊 ▶ 个性与传统

日本人优雅的生活方式同东京的町屋传统息息相关。这些重建了的城市房屋独具特色。→**P.20**

当地锦囊 ▶ 物美价廉的餐厅

一顿午餐或晚餐无须很昂贵。在大多数东京和大阪的写字楼的地下餐厅，您能找到上百家为公司职员提供

服务的小酒馆和餐厅,在那里您能品尝到便宜且美味的食物。→P.31

▶长寿的岛屿

在冲绳岛被誉为"长寿村"的大宜味村,您能了解到人们如何能活过百岁或是更长寿。→P.113

▶海面上

距海平面60米的彩虹大桥横跨东京湾。很少有人知道,作为行人和慢跑者,您能从任意一边跨越大桥,环视四周!在这里,您能欣赏到这座大都市的海湾景色。→P.61

▶星级厨师的味道

东京的顶级美食家喜欢在这里购物和品尝美味。→P.20

▶日本节日"七五三"

每年11月15日是日本的儿童节,小朋友们会在寺庙和神社中像蝴蝶一样翩翩起舞,父母会给他们分发糖果和手杖。→P.137

▶像皇帝一样散步

来参观古代日本的园林艺术吧!东京的西芳寺每天接待200余位参观者。→P.92

▶火热的时装

东京是年轻人的潮流胜地。即使您没有立即找到合适的东西,也可以去东京原宿拥有27家商店和许多高科技产品的时尚主题公园Omohara感受一下。→P.64

体验日本

免费畅游
既省钱，又能发现新事物

省钱有道

● **皇室的美丽花园**
您可全年参观东京环绕天皇皇居而建的大花园，花园面积21万平方米。年初时节的樱花和杜鹃花、夏日的玫瑰和冬日的小雏菊，让它一年四季都有美丽风光。→P.60

● **美妙景色**
在东京都厅舍您能瞭望城市的全景。通向瞭望台的入口和通道同其他瞭望塔不同，是免费的。→P.61

● **游客的上帝**
住吉神社作为大阪最重要的宗教场所之一，供奉保佑家庭和游客的神。每年除夕有近300万人来到这里，祈祷来年风调雨顺，也祈祷异国他乡的亲人能平安返乡。在此您可免费参观一些受中国建筑风格影响的仿造建筑。→P.101

● **威士忌与水**
对于威士忌爱好者来说，免费参观三得利山崎酿酒厂会是一段美好的经历，在这里可以免费品尝不同口味的酒水。→P.20

● **舒适的感觉**
来自东京浅草区的传统而热情的居民会指引您前往浅草神社（左图）和仲见世商店街。→P.58

● **奢华的寺庙之旅**
本愿寺有悦人的景色，东本愿寺和西本愿寺的令人印象深刻的建筑、色彩华美的室内装潢和著名的雕像共同塑造了一幅真实的美景画卷，游客可免费参观。→P.82

本色日本
不容错过的特色体验

● **健康的奢华**

日式优雅、梦幻花园和美食使东京塔下的花园秘境餐厅Tofuya Ukai成了不可多得的美食体验之地。→P.63

● **大剧院**

东京最著名的剧院——歌舞伎座展示了受大众喜爱的英雄戏剧和爱情戏剧、传统剧和舞蹈剧。剧院演员在日本有着和流行演员一样的地位。→P.66

● **运动盛事**

尽管面对诸多质疑，日本人仍然热爱他们的传统运动——相扑。在名古屋爱知县体育馆举办的夏季比赛是这个有着2 000年历史的比赛项目的盛典（右图）。→P.53

● **纯粹日本**

清水寺的木质露台由几百根柱子建起来，是日本的标志性景点，游客可在此观赏到京都最美的景色。→P.83

● **茶道**

茶道具有地方特色，可以消磨时间，也是日本的生活文化艺术之一。即便对茶道没有了解，也没大把时间盘腿坐在那里，您也可以在30分钟的茶道课中感受花园饭店独特的氛围。→P.65

● **卡拉OK**

卡拉OK是日本人的大众娱乐项目之一，外国人也很喜欢。您可以去体验一下名古屋的JOYJOY，这是一家连锁店。→P.53

● **反思**

原子弹的恐怖和暴虐永远都同"广岛"这个词联系在一起。城市中心的和平纪念公园让人回想起人类历史上一次骇人的原子弹爆炸。→P.74

本地特色

雨天游玩
下雨天,也美妙

● 探寻水下世界
大阪海游馆是世界最大的水族馆,拥有27个大水槽。在海游馆中心19米深的大水池里,有鲸鲨和蝠鲼在畅游(左图)。
→P.135

● 一站式游玩
游览、逛街、吃喝,在106米高的空中缆车中眺望大阪!您能在Hep Five购物中心找到100多家精品店,在摩天轮里亲自体验大阪人的生活。→P.98

● 环东京之旅
乘坐山手线列车能令您对东京有一个全面的认识。浅绿色的JR环线列车每分钟顺时针或逆时针围绕东京行驶。29个站点几乎都有自己的风格。→P.56

● 大江户温泉物语
在东京的大江户温泉物语,您能体验到在16个不同的浴场中戏水的感受。在这个巨大的温泉浴场群中,每个人都穿着纯棉和服(包含在入场价格内)。您能在这里品味美食、购物、闲逛。→P.60

● 异国美味体验
您能在东京锦市场品尝具有东京饮食特色的美味佳肴。
→P.85

● 深入动漫之旅
日本动漫世界闻名,您能在京都国际漫画博物馆中探索40 000多个具有日本特色的动漫作品。→P.84

下雨时分

休闲之所
深呼吸,尽情享受,忘记烦恼

● **热水浴**
  伊豆半岛的Sawada Koen Rotemburo温泉不仅能帮您放松身心,还能让您在悬崖上一览太平洋的独特景色。→P.68

● **富士山的海盗船**
  色彩鲜艳的船舶在桃源台风景如画的芦之湖上往返于箱根和桃源台之间,它们看起来像是密西西比河上的海盗船或明轮船。在湖上观赏美丽的风景是一段奇妙的旅程。→P.44

● **对感官的温柔攻略**
  犒劳一下自己,在传统日式客栈吉川料理旅馆(下图)夜宿一晚。榻榻米的香气、内室的装潢、梦幻般的花园、出色的服务,以及美味的料理让人难以拒绝。→P.90

● **艺伎**
  艺伎是完美的女主人和女艺人。艺伎之夜将会是您难忘的放松之夜。建议:您可在位于东京的祇园甲部歌舞练场观看舞伎表演——舞伎是成为艺伎的第一步。而对于门外汉而言,两者几乎很难辨别。→P.89

● **冥想的花卉艺术**
  日本花道绝非仅是花卉艺术,花朵之间和谐的搭配组合正是花道的美学。您可在一些地方学习基础的插花技艺,比如东京青山区的草月流花道学校。→P.65

● **享受环球温泉**
  大阪的SPA世界拥有世界最大的温泉集群,在这里,您可以体验世界不同国家的温泉文化、治疗室、餐厅和休息区,并且温泉价格亲民。→P.100

放松身心

潮流之选

① 威士忌——世界冠军

高浓度朗格酒 日本人喝威士忌的奇特方式常被潮笑，因为他们通常需要搭配冰山水饮用。而现在日本人在威士忌酿造领域位于世界顶尖。三得利山崎（Suntory Yamazaki）品牌的单一麦芽威士忌（左图）被威士忌教父吉姆·莫瑞（Jim Murray）评价为"浓郁、甘醇，口感盈润得像一个台球"。在大阪和京都（Kyoto）之间一个过去不起眼的村庄里，●三得利山崎酿酒厂专门烧制高档烈酒。您可参观酿酒厂并品尝威士忌，在这里您还能参观烧酒博物馆。🕐 周一至周五10:00—15:00，周六、周日10:00—12:00 ¥ 入场免费 @ www.suntory.com

② 拉面和生鱼片

最受欢迎的餐厅 酒楼锦囊▶ 东京著名的料理师私人收藏美食地：主打日式法餐的米其林二星餐厅L'Effervescence的主厨Shinobu Namae喜欢在业余时间光顾一家位于神泉火车站旁的小店Usagi吃拉面，然后再去位于涩谷区著名的八公十字路口的咖啡店Café Bleu喝一杯浓咖啡。东京文华东方酒店（Mandarin Oriental）38层的寿司店Sora Sushi的主厨Yuji Imaizumi认为东京荒川区的尾花店（Obana）是东京最好的鳗鱼店，他还推荐那里的烤鳗鱼配醋汁。可惜的是店铺太小，不接受预订，客人往往需要排队等候才能品尝美味。

③ 木质旅社

东京特色旅社 过去只有商人、手工艺人和艺术家居住或工作在东京独具特色的传统木格子架结构建筑 酒楼锦囊▶ 町屋（Machiyas）之中（左图）。这种带有小花园的

日本有许多新鲜事物等待您去探索。

二层木质建筑现如今被改建成了豪华旅社（@ www.kyoto-machiya-inn.com）。独特的建筑风格和精美的室内装潢展现日本传统与现代完美融合的同时，也会给入住者带来生活在古代东京的感觉。町屋价格不菲，可供4~6人同时入住，适合逗留时间较长的游客。

街头时尚

人气原宿区 年轻、酷炫、充满幻想、背离传统，在东京原宿区，时尚趋势一波紧接着一波。原宿区是街头时尚热点区，街边不计其数的精品店中不乏许多来自世界各地狩猎时尚的情报员，他们在这里寻找灵感。周末这里吸引了更多的购物爱好者，尤其是以潮流服饰闻名的商业街竹下通（Takeshita Dori）和它新的标志性建筑——大创百货商场（Daiso Shop ⏰ 10:00—21:00），所有商品均以100日元出售。

美丽东京

空中酒廊 在东京新式的摩天大楼中，空中酒廊以其多样的酒水和令人窒息的美景吸引游客。您能在安达仕酒店（Andaz Hotel）位于第52层的屋顶酒吧欣赏惊人的美景。【🏠 虎之门之丘（Toranomon Hills）⏰ 17:00—24:00 @ www.tokyo.andaz.hyatt.com/en/hotel/dining/rooftop-bar.html】。更多推荐：28酒吧【Twenty Eight 🏠 汐留（Shiodome）⏰ 8:00—24:00 @ www.conradtokyo.co.jp/twentyeight】（右图）位于康莱德酒店（Conrad Hotel）28层，您可在空中酒廊享受下午茶和现场演奏，还能一睹滨离宫恩赐庭园（Hamarikyu Gardens）和东京湾（Tokyo Bay）无与伦比的景色。@ www.timeout.jp/en/tokyo/feature/10349/Tokyos-best-bars-with-a-view

上图：东京地铁线路图一瞥

日本面孔

娇宠心理

没有概念能用来确切描述日本人的心理特点。"娇宠心理"（Amae，日文"甘え"）作为日本特有词汇可理解为一种依偎在母亲怀中的感觉，也可理解为一种害怕被抛弃的不安全感。日本人只能通过一种紧密的团体关系、一种内在循环体系或一种神秘联盟获得被娇宠的感觉。

首先，人们能在家庭或邻里间感受这种娇宠心理，其次，是在学校和俱乐部。没有娇宠心理，日本人也许能和孩子、妻子一起生活，却无法在公司中生存。娇宠心理需要在社会上拥有一个稳固的位置，通过对这种心理的解读可以了解许多当地的社会特点，如，明显拒绝他人的个人主义在日本会被认为自大且不合群。一个小学生都知道的俗语"拔掉突出的钉子"恰好可用来解释日本社会对个人主义的看法。

自动售票机的工作人员

如果有人在巨大的东京地铁站里，无助地站在自动售票机旁，看一眼他身后排起的长队，然后按下圆圆的"帮助"按钮，不可思议的事将会发生。在看到一个简短的提示"稍等

河豚、娇宠心理、艺伎和漫画：日本为游客准备了诸多惊喜。

片刻"后，两个现代化售票机中间的小窗口打开了，出现了一张真实的脸！一个友善的工作人员打开狭窄的门走了出来，为需要帮助的人指明方向和地铁线路。真是贴心的服务！

盆景

有人说，日本很小，最好使用盆景来装饰。您这么认为吗？至少有一点是毋庸置疑的——在大城市由于没有多余的空间，人们不得不放弃拥有私人花园的想法。盆栽是一门艺术。小型的日本松树和菊树作为旅行礼物不是很好吗？被修剪整齐的小树正好能放在您的手提袋里，这是多么棒的主意啊！但要注意的是，所有盆栽，尤其是古老的盆栽，都价格不菲。

日本

河豚

　　品尝河豚是一次看起来危险的体验。应该在专业烹制河豚的餐厅里食用河豚,并不限于日本料理餐厅。有人死于河豚中毒这早已不是什么新闻了。只有持特殊执照的料理师才能做出这道价格不菲的料理,经过数年的练习,他们知道怎么在绝对不伤及河豚有毒的内脏的情况下用刀处理它们。多数情况下只有完全没有被污染的河豚料理才可以上桌。

艺伎

　　大多数游客都热衷于讨论穿梭在东京街头巷尾的艺伎,为之拍照,但殊不知他们的镜头捕捉到的大多是舞伎和艺伎学员。在服饰和妆容方面,舞伎已经很接近日本最美的艺伎,她们长着鹅蛋脸,有舞蹈、歌唱技能和艺术涵养。舞伎是很受欢迎的摄影对象,人们可预订座位观看其表演。

草食男

　　几乎50%的年龄在18～34岁的日本未婚女性更喜欢保持一种永久的单身状态,而日本男性更拒绝婚姻关系。超过61%的未婚日本男性甚至还没有过女朋友。日本男性拒绝结婚的态度使人口统计学家担忧起社会

人手一本漫画:日本漫画很受欢迎

老龄化问题。人们谈论起了草食男(Soshokukei Danshi),这个词和素食没有关系,这是一个文字游戏,因为在日本,"性"这个词被译成"肉体关系"。

　　寻找暧昧的机会?当然不会。对风流韵事有兴趣?不会。热衷派对?也不会。对性感兴趣?答案同上。日本青少年越来越多地隔绝自己与外界

日本面孔

的联系。最新研究证明，日本青少年喜欢将独处作为生活准则。根据采访记录，受访者中的一半表示他们根本对恋爱关系不感兴趣，更别说同异性约会了。同异性建立一种强烈的亲密关系对他们而言除了浪费时间且限制自由外没有其他任何意义。工作和爱好对他们而言比稳定的恋爱关系或婚姻更有价值。

皇纪

当您在一份官方文件或餐厅账单上看到一个无法辨别的年份时，不要惊讶，因为这是根据皇纪来确定的日期。1950年出生的人，其出生证明上会依据皇纪注有"昭和二十五年"；若此人于1989年1月7日去世，那么距离昭和在位的第64年还有6天。随后明仁天皇继位，开始了平成时代。日本平成十二年迎来了千禧年。即使您在日本跟当地人说2001年，人们也懂得是平成十三年。

蛰居

人们将日本青年人中的一种自己把自己关在家中的社会现象称为"蛰居"（Hikikomori）。无论何时，他们都不离开自己的房间，断绝一切社会联系，并将这种状态保持几年或十几年。他们不赚钱，和父母住在一起，父母要么无助地在一旁看着，要么出于羞愧不愿提及他们"失败的孩子"。许多蛰居于家的日本青年用玩游戏、看视频和漫画或上网、无间断地看电视消磨时间。偶尔到了晚上，他们才会走出自己的房间。

漫画

漫画作品占据了日本出版物的40%，漫画深受各阶层喜爱。漫画作品也分年龄层，分主题和性别导向。漫画有针对少女的（Shojo）、少男的（Shonen）、成年男性的（Seinen）和女性的（Josei）多种类别，针对成年男女的大多都有成人色彩。日本的漫画作为一种独立的艺术形式深受认可，在东京甚至有关于漫画的博物馆。

神秘力量

一个正值13号的周五不会对日本人产生不好的影响，因为日本笼罩着另一股神秘力量。在日本，人们会根据黄历做出重要决定。日本人最畏惧的日子是"佛灭日"（Butsumetsu）。根据日本的黄历，佛灭日代表着不吉利。佛灭日这天要终止所有活动。据民间传说，佛灭日这天不宜做出重要决定，不宜举办任何庆典，同样不适合结婚，须等吉日的到来。每月有5~6天是好日子。

自然的力量

虽然日本人想与生活中的现实命运抗争，但是他们也很明白自己生活在地震、海啸、台风和火山活跃带的事实。这片土地上，平均每月有73次震级为4级或高于4级的地震。到今天为止，史上最严重的地震发生在2011年3月11日，是东北部海岸附近的9.0级地震。海啸紧随其后暴力席卷了周边地区，房屋、车辆和船只要么被撕碎，要么被掩埋在废墟下。这次自然灾害的遇难和失踪人数约有21 000人。海啸早在数百年前就影响了渔夫，当他们从海面上的捕捞地返回海岸边时，他们的港口被大潮破坏，但海面上一片风平浪静。这种自然现象

日本

是由海底的强烈震动引起的,可以形成高达40米的巨浪。

太平洋西北部地区的热带气旋会形成台风,常伴随暴雨和洪灾。13世纪,一场台风阻止了元世祖忽必烈入侵日本的海上舰队,气旋迫使他们不得不返航。火山喷发在日本也算得上是永久性的危险。岛屿群的265座火山中有40座被认定为活火山,其中海拔最高的当属距东京100千米远的富士山了。它最后一次喷发是在1707年12月16日,而这座海拔3 776米的火山近些年来再次被认定为有潜在喷发可能的火山。

武士

150年前,武士就不存在了,但许多日本人的举止中仍保留着武士阶

一年级的学生已经开始为危机情况做准备了,小学课堂上正在进行地震演习

日本面孔

层的痕迹。轻视商业、金钱和情感的日本武士阶层是封建主的代表，同时也是制度维护者和精英战士。武士这个词源于日语中的动词"侍"（Samurau），武士的最高统帅是幕府将军——中世纪天皇的政治对立者，其荣誉准则是武士对自我地位的认知，这一荣誉准则历经数百年演变成了武士道。

神道教

日本人奉自己为神道教的神灵。他们深信倘若不祈福，则开幕仪式不能落成、契约不能达成。一辆新的出租车没有神的洗礼也不能接待乘客。基督教在日本地位不高，伊斯兰教更是没有立足之地。佛教作为日本第二大宗教，负责与死亡相关的事宜。神道教则主要同生活事宜相关，尤其是和钱相关。想做好生意的人要朝拜稻禾神社，这里供奉着原本掌管稻米的神灵，现如今演变为了掌管财富的神灵。位于镰仓（Kamakura）的钱洗弁财天宇贺福神社（Zeniarai Benten）是负责清洗钱币的神社，每天都有数千人赶来朝圣，传说用这里的水清洗钱币，钱就会翻倍。

天皇

日本天皇既不是统治君主也并非国家元首，自1945年昭和天皇（Hirohito）宣布放弃其历史上被赋予的"神性"起，天皇便不再是神话了。宪法将天皇描述为"国家的标志和人民自由的守护者"，因为没人确切知晓经慎重考虑后确定的天皇地位意味着什么。自第一代神武天皇登基至今，约2 700年不间断的皇权史和124位天皇继任者都是日本这个国家绵延不断的证明，人们对此毫不怀疑。

现在的日本天皇是1989年继任的明仁天皇，作为第一个和平民结婚的天皇，他的所作所为备受瞩目。一年中有两次机会他会与民同乐，一次是他的生日12月23日，一次是新年。其余时间他也要接受安排好的行程，进行国事访问。"云上的天皇"不再是人们讨论的话题。

美食

　　想充分品味日式饮食的独特之处，应当从奇妙的早餐开始。味噌汤搭配新鲜的海带、豆腐，加上米饭、腌制的蔬菜、生鱼片和绿茶是标准日式早餐。

　　这种混合料理依据日本人饮食习惯而定，也反映了日本料理的根基。长期以来，日本人使用稀少的食材烹饪料理，用岛国的贫瘠土地上种植的蔬菜和水稻，以及海域里生长的海鲜等食材烹饪出各种料理。

　　直至今日，标准严格且独特的日本料理仍滋养着注重养生的日本人。日本人因其独特的饮食结构成为地球上所有国家中寿命最长的人。自日本经济奇迹以来，日本餐饮业经历了爆炸式繁荣，同时也向西方打开了大门。人们放弃了对当地美食或口味的单一追求。单单在东京就有16万家餐厅可供选择，日本人对完美口感和清淡口味的追求使得一些料理在日本比在料理发源地做得更好。在米其林美食指南上，东京通常是米其林餐厅最多的城市，数量甚至是巴黎的两倍。

　　当人们真正品尝当地美食时才会发现，在"吃"上，日本绝对是一个

上图：怀石料理

日本饮食既独具特色,又融合了西方风格。只有最棒的料理才能被端上餐桌。

极具冒险精神、能让人兴奋的国家。您有丰富的选择——从物美价廉的面汤到昂贵的怀石料理(Kaiseki)。除了高级餐厅之外,大多数当地小饭馆都有一个习惯,就是在餐馆窗前陈列明码标价的塑料食物模型,但模型看上去往往要比实际菜品大。

　　鱼在日本料理中有着重要地位。经典的鱼料理有寿司和刺身,这两种用生鱼做食材的料理在全世界备受喜爱。在世界最大的东京筑地鱼市(Tsukiji Fish Market)上,您能找到最新鲜的食材。每天清晨5:30,市场上有超过400家餐厅、小吃摊和商店开始营业。鱼和蔬菜还是天妇罗(Tempura)的配料。制作天妇罗需要用到油锅,需要将虾、鱼片和不同种类未加工的蔬菜,如荷花瓣、青椒、红

日本

特色美食

食物

怀石料理 以四季为主题的小份美食，品尝的同时也是一种视觉享受。

拉面 中国面汤搭配肉、蔬菜、味噌或酱油汁（上左图）。

荞麦面 荞麦制成的面条，要么是热汤加入酱油汁，要么在冷的酱油中浸一下。

寿喜烧 将薄薄的牛肉片和蔬菜放入铁锅中，加入酱油和红酒一起煮，最后加入一颗生鸡蛋搅拌。

寿司和刺身 在浇醋汁的饭团上放生鲜（寿司），或生鲜直接搭配酱汁食用（刺身）（上右图）。

铁板烧 在客人座位前烧热的铁板上直接煎烤菲力牛排，把它切成可直接入口的块状，在加入芥末的调料汁中蘸一下后食用。

吉列猪排 猪排裹上面包糠及炸粉，油炸后配特殊酱汁，搭配被切成小块的卷心菜和芥末。

乌冬面 小麦制成的粗软面条。

日式烤鸡串 鸡肉块、洋葱或青椒被穿在竹签上，放置在火上烤，涂上酱汁。

饮料

啤酒 日本最受欢迎的饮品。最受喜爱的品牌有朝日（Asahi）、麒麟（Kirin）、三得利（Suntory）、札幌（Sapporo）。

绿茶 冷热饮都可加入牛奶、糖或柠檬饮用。

日本米酒 米做的酒，根据不同时节选择冷饮或热饮，直接饮用味道最好。

烧酒 浓度是烈酒浓度的20%~45%，由大米和红薯发酵而成。常加入水或苏打水以及柠檬饮用。

美食

薯和香菇裹在面团里,快速在沸腾的油锅里过一下。客人从器皿中夹起食物,蘸一下用萝卜和姜调配而成的酱油汁就可以食用了。

怀石料理是日本高级料理的代表。一种种小份儿美食组成了这一奢华的享受体验,它体现了日本料理的三个灵魂要素——美味、精美的摆盘和精致的餐具。这三要素是日本烹饪艺术的顶级秘方。由于日本隔绝的岛屿位置和宗教原因,肉类很长时间都不曾出现在日本人的餐桌上。在过去几十年里,日本人创新了大量本土美食,例如铁板烧、涮涮锅和寿喜烧。日本大理石纹牛肉味道极好,人们又称之为神户牛肉,只可惜价格太高。涮涮锅和寿喜烧备受外国客人好评。餐厅侍者端上一盘被切得很薄的生牛肉、蔬菜、蘑菇和豆腐。首先客人用筷子搅拌面前铜锅热汤里的配料,然后用烫熟的牛肉蘸花生芝麻或醋汁酱油。寿喜烧这道料理就是把肉和蔬菜在铁锅里短暂煎一下,再用酱油和红酒煮肉和蔬菜,最后加入一颗生鸡蛋搅拌。

面食是日本料理中一个特别且出名的部分。日本人都钟爱日本的荞麦面、乌冬面和拉面,他们任何时候都喜爱汤面。很多面馆晚上也营业,几乎每个城市都有,物美价廉。

美食定价的标准有时很奇怪,可能让外国游客无法接受。想尝物美价廉的食物,就应该趁着中午行动,尤其是在东京和大阪这样的大城市(像京都这样的旅游城市,廉价的食物更少),巨大的竞争和长时间的经济危机使日本产生了所谓的"午市定食"文化。**巨地镶嵌 大城市办公大厦的地下常设有小酒馆和餐厅**,公司员工每天中午都可在此享受物美价廉的食物。同一餐厅食物的价格在晚餐时会是午餐时的3倍,因为晚上多有公司的

在酒吧吃午餐、喝啤酒

聚餐,由企业买单。

日本的饮料非常国际化——从法国矿泉水到德国啤酒可谓应有尽有。而酒精类饮品也在过去几年有了国际化趋势。人们对葡萄酒和烈酒的愿望永远都能得到满足,同时它们的价格也更合理了。除了米酒,日本啤酒是日本最受欢迎的饮品,即便是在最小的乡村酒馆里,您也可以品尝到它。

购 物

在日本购物是世界顶级的体验，无论是商品、服务、质量还是营业时间——所有大型商场在周末开放至20:00。从价格标签上数字末尾的零可以看出，这里的消费水平极高。

相机和其他电子设备

东京秋叶原（Akihabara）是科技迷的天堂。这里有超过600家购物商场和专业商店，提供各种电子设备，从电脑到数码相机再到电动游戏机应有尽有，这在世界其他地方很少见。像Laox这样的专业免税连锁店提供符合国际标准的免税模式。购买电子产品时您需注意其适配的电压是否能在中国使用。在东京秋叶原，电器城友都八喜（Yodobashi）凭借30 000个商品成为在摄影器材和办公室用品领域最大的供应商。银座（Ginza）旁边的大型购物中心BIC Camera是电子产品顶级购物地点。

吉祥物

日本人有些迷信，所以很喜爱吉祥物。神庙中供奉了很多吉祥物。在神庙，拜访者会为了考试、健康、爱情、出行安全和其他诸多缘由，为自己购买幸运手链。

服装

除了印有寿司菜单或有趣的汉字的T恤衫外，夏季和服（Cotton Yukata）也是畅销品。暗色的丝绸羽织（Haori，外衣的一种）卖得很好，贵族男士在节日时将它穿在和服外面。特别推荐的是和服的宽腰带（Obi），它也可作为桌布装饰使用。您能以低廉的价格买到 搜狐 搜查 二手婚礼和服。

艺术

古老的浮世绘（Ukiyoe）是日本最受欢迎的礼品种类之一。欧洲画家

现代电子设备、二手和服、高雅的手工艺品……日本是购物爱好者的天堂。

凡·高从浮世绘中得到过创作灵感。浮世绘被称为"流动世界的画卷",通过对艺伎、剧院、艺伎祇园的刻画,反映江户时代的历史场景。日本浪漫派风景画艺术家安藤广重(Ando Hiroshige,1760—1858)的作品世界闻名。工艺艺术品店里,浮世绘原版作品价格昂贵,但和其他世界名画相比,您可以以优惠的价格获得高质量的浮世绘作品。

手工艺品

日本和纸(Washi)是世界最精美的手工制纸。专业商店和百货商场的和纸商品种类繁多,从礼品包装纸到色彩明亮的信笺再到斑斓的小盒子和极具艺术性的叠纸,让人眼花缭乱。最美妙的手工艺品当属漆器。日本手艺人将这一由中国传来的艺术发展成为公认的大师艺术。常见漆器作品有汤碗、饭碗、托盘、筷子、家具和装饰品。来自京都和轮岛的60个加工地的漆器价格都很昂贵,但也有价格便宜的筷子、餐盘和米酒杯。日本瓷器名气很大,因蕴含朴素之美而极富吸引力。自1333年日本茶道发展以来,茶碗成为人们喜爱的收藏品。

日本的玩偶是美丽的纪念品,以其独特的地域性特征成为赏玩和馈赠佳品。女娃娃梳着美丽的发型,身着优雅和服;男娃娃则身着武士服。玩偶商品的种类在每年3月3日的娃娃节,也就是女儿节这一天最多,所有商场都会出售天皇和皇后的宫廷套装娃娃。

日本北部

在日本北部旅游，仿佛进入了另外一个世界。空旷的街道、丰富的自然景色，尤其是较少的居民数量将主岛本州岛（Honshu）北部的东北地区（Tōhoku）和日本最北的主岛北海道（Hokkaidō）与日本其他地方区别开来。

这里的自然保护区和滑雪区面积辽阔、地形丰富，非常适合休闲疗养。北海道占日本国土总面积的1/5以上，而人口只有全国的5%。

2011年3月11日以来，这个地区频繁发生自然灾害。超过19 000人丧生，约15 000名太平洋沿岸的居民不得不短暂移居。继地震引发的海啸和继而导致的海损以及福岛核电站核泄漏事故之后，又爆发了经济危机。不过如今，您可以毫无顾虑地在日本全境游玩。

会津若松

（Aizuwakamatsu）（折页 G6）

会津若松（人口12.5万）很久之前是影响深远的会津松平家族的权力中心，1867年该家族在戊辰战争时曾在此反抗政府军。

战争失败之后，自1868年，会津若松失去了昔日的光彩。传说幕府武士之子集体自杀，时至今日，这段历史仍铭记在会津若松市民的心中。

景点

实地锦囊 武士府邸（Buke Yashiki）

这是拥有35间客房的武士府邸的仿造建筑。🕒 4—11月 8:30—17:00，12月至次年3月 9:00—16:30 ¥ 850日元 🚌 搭乘巴士从东山温泉站（Higashiyama Onsen）到会津武家屋敷前站（Aizu Bukeyashiki Mae），约35分钟

鹤城（Tsuruga Castle）

这个在过去曾为日本最强的防御堡垒的建筑是600多年来会津若松的城市中心，1868年被毁，2011年这个防御堡垒被重新修好。在城堡区有

上图：会津若松的鹤城

> 这里人烟稀少，生活节奏缓慢——在北部，你会发现日本最美丽的自然景色。

一座有400年历史的茶屋（ 8:30—17:00 ¥ 200日元，城堡联票500日元）。这座茶屋在战争中保留下来并留存至今。 8:30—14:30 ¥ 410日元 搭乘巴士到敦贺州北口（Tsuruga Jo Kitaguchi）

美食/住宿

涩川问屋（Shibukawa Donya）

这是一家古老的日本餐馆，特色的饮食套餐包括干鱼和鲱鱼。餐馆与一家传统日式旅馆相邻。 11:00—21:00 ¥¥ 02 42 28 40 00

问询中心

在火车站（ 02 42 32 06 88）和会津若松城市观光（Aizuwakamatsu City Sightseeing）能找到问询中心（ 02 42 39 12 51 @ www.city.aizuwakamatsu.fukushima.jp）。

青森

（Aomori）（折页 H4）青森（人口30万）作为出土绳纹时代考古文物的同名小城因世界第一长的青函隧道而闻名。自1988年起，在今别町（Imabetsu，青森以北60千米），青函隧道连接了知内町（Shiriuchi）和北海道。

当地 精彩 **青森睡魔祭**（Nebuta Matsuri，每年8月初举行）十分有名，届时会有数千名游客慕名而来，跟随游行队伍一起舞动，跟着车上点亮的巨型灯笼穿过整座城市。传说，900年，政府军正是凭借此法引诱北方部落后将之击败。青森睡魔之乡博

日本

青森睡魔祭：灯光、面具和人潮涌动

物馆（Nebuta no Sato Museum）展出了游行车队和节日当天演出的盛况（🕐 10:00—17:00 ¥ 630日元 🚌 巴士自JR青森站出发，行驶30分钟）。青森西部津轻半岛（Tsugaru Peninsula）的景点有白神山地（Shirakami Sanchi，白神山地游客中心 🕐 11月至次年6月 9:00—16:30，7—10月 8:00—17:00），它凭借其盛产的原生山毛榉被列入《世界遗产名录》，每逢秋季，渐变的树叶使得该地景色更加引人入胜。

美食

Sakanakkui no Den

这里供应寿司、怀石料理和其他特色日本菜。🕐 周一至周六11:30—14:00、17:00—22:00 ¥¥ 📞 01 77 32 25 80

住宿

Jal City Aomori

这是一家现代化的三星级城市酒店，距火车站约6分钟步行距离。一层专为女士预留。这里提供免费无线网络。有167间客房。¥¥ 📞 01 77 32 25 80 @ www.aomori-jalcity.co.jp

问询中心

游客问询中心 🏠 ASPAM大楼 📞 01 77 25 00 @ en-aomori.com

周边景点

盛冈（Morioka）（折页 H5）

盛冈是日本岩手县（Iwate，人口30.5万）的县厅所在地。这座城市是冬季运动的中心（该市距青森180千米）。在一座名为Hoon Ji的佛教寺庙中收藏有500尊被涂上漆的木制佛像，以及马可·波罗和蒙古大汗忽必烈的肖像。您可在日式的熊谷旅社（Kumagai Ryoka ¥¥ 📞 01 96 51 30 20 @ kumagairyokan.com）入住，这是一家欢迎外国人的传统风格旅社。盛冈旅游信息中心 📞 01 96 04 33 05 @ www.city.morioka.iwate.jp

日本北部

十和田八幡平国立公园（Towada Hachimantai National Park）★（折页 H4）

这里是日本最后未被开辟的荒野之一，这里有火山、喷气温泉、沸腾的泥沼、十和田（Towada）火山口湖和八幡（Hachimantai）高原。岩手山（Iwate Mountain，海拔2 038米）被称为"北方的富士山"，但它的两个山峰使它看上去与富士山并不相像。八幡高原上的玉川温泉（Tamagawa Onsen）水温高、含酸性和少量放射性物质，被誉为日本最好的有治愈效果的温泉之一。八幡平顶（Hachimantai Chojo）是旅途主要的始发地。开往八幡平顶的巴士（2小时车程，冬天除外 ¥ 1 320日元 @ www.hachimantai.jp）从盛冈火车站出发（从青森搭乘火车）。搭乘游船（¥ 1 300日元）50分钟即可到达Yasumiya和子之口（Nenokuchi）旅游中心。JR车站有游客问询中心（☎ 01 77 23 16 21）。

新潟

（Niigata）（折页 G6）**坐落在日本海沿岸的新潟是与之同名的新潟县（人口81万）的行政中心，是日本海重要的交通枢纽。**

从这里出发您可到达日本阿尔卑斯山脉（Japanese Alps）的一部分——飞驒山脉，乘坐渡轮和其他交通工具可以抵达河口湖。另外，新潟火车站也是东京上野的上越新干线（Joetsu Shinkansen）的终点站。这里的海鲜和米酒也很出名。

景点

本町市场（Honcho Market）

水果、蔬菜……海鲜贸易市场的摊位横跨了几个人行天桥。这里还有许多小餐馆，游客可以在此体验一场视觉和味觉的盛宴。🏠 古町拱廊中心（Furumachi Arkade）🕐 周一至周六 10:00—17:00

信浓川（Shinano Gawa）

信浓川是日本最长的河流。其河岸是观察当地人生活的好去处。

美食

田舍屋（Inakaya）

海鲜和蒸鱼饭是这里的特色，这家餐厅十分受本地人欢迎，且价格公道。🏠 Kyoban 🕐 每日 ¥ ¥ ☎ 02 52 23 12 66

住宿

大仓酒店（Hotel Okura）

当地最好的酒店，临近万代桥（Bandai Bridge），可观赏河流景色。有265间客房。🏠 中央区（Chuo）¥ ¥¥ ☎ 02 52 24 61 11 @ www.okura-niigata.com

问询中心

旅游信息中心 🏠 中央区 ☎ 02 52 23 81 81 @ www.nvcb.or.jp/en

周边景点

佐渡（Sado）（折页 F-G6）

日本第六大岛屿佐渡岛（Sado

日本

必游景点

★ **十和田八幡平国立公园**
青森附近有日本最好的温泉之一。→ **P.37**

★ **松岛湾**
曾被著名诗人如此赞誉：仙台市附近如画般的海湾。→ **P.41**

这个北海道的国际化大都会（人口190万）因在此举办的1972年冬奥会和2002年世界杯而闻名，这里友好的市民和宏伟的建筑给人留下了深刻印象。

日本没有其他城市有札幌这样开阔的地理位置，且被如此多的自然景观所包围。从电视塔上望去，城市被分为东西南北4个街区。

Shima，距离新潟约80千米）在封建时期是臭名昭著的犯罪流放地，专门关押不讨喜的知识分子。现如今，佐渡岛最大的魅力就是偏远渔村居民悠闲的生活方式。

此外，每年历时3天的"地球节"（大多在8月的第3个周末）以日本传统打击乐和舞蹈表演吸引着世界各地的游客。小城（Ogi）的鼓童非常出名，他们一年中有8个月在巡回演出（¥夜场4 000日元，通过组织者可购买到更优惠的团体票 ☏ 02 59 86 36 30 @ www.kodo.or.jp），观看表演需要及时预订。您可入住传统日式酒店吉田屋【Yoshidaya，有70间客房 🏠 惠比寿（Ebisu），佐渡岛，新潟 ☏ 02 59 27 21 51 @ www.japaneseguesthouse.com】，这里有海景房和温泉。游客问询中心（🏠 新潟站万代出口 ☏ 02 52 41 79 14）可提供咨询。从新潟出发，可乘船前往佐渡岛的两津（Ryotsu，¥ 6 520日元 🚢 快船行程1小时，其他渡船行程135分钟 @ www.visitsado.com/en）。

札幌

（Sapporo）（折页 H3）札幌

景点

大通公园（Odori Park）

大通公园的一条巨大的林荫大道上有您不可错过的景色。宽105米的大道沿东西方向贯穿札幌这座城市。每年2月初这里会举办冰雪节，主要展出冰雕仿刻的建筑艺术珍品。

札幌钟楼（Sapporo Tokeidai）

这座钟楼是札幌第一个西式木质建筑，内部有一个小型的本地历史博物馆。🏠 中央区 🕐 周二至周日9:00—17:00 ¥ 200日元

美食

21俱乐部（21 Club）

这是一家位于25楼的雅致餐厅，在这里城市美景尽收眼底。特色美食是铁板烧。🏠 诺富特酒店（Hotel Novotel）25层，中央区 🕐 每日晚上，周六、周日中午 ¥¥ ☏ 01 15 61 10 00 @ www.novotelsapporo.com

札幌啤酒公园（Sapporo Beer Garden）

这座公园是当地啤酒厂巨大的"啤酒厅"。人们最喜爱在这里喝啤酒、吃自助烧烤。🏠 中央区 🕐 每日

日本北部

¥ ¥ 📞 01 17 42 15 31 @ www.sapporo-bier-garten.jp

蟹本家（Kanihonke）

日本第一家螃蟹料理专门店，已经有半个世纪的历史，选用当地打捞的新鲜螃蟹制作各式美味料理。店内采用日本古代民居的设计，有景石、竹子、地炉等日本特色内饰。🏠 2-1-18，北三条西，中央区 🕐 周一至周日 11:30—22:00，12月31日休息 ¥ 3 000日元起

住宿

札幌新谷大酒店（Hotel New Otani Sapporo）

有340间客房的现代化的豪华酒店。🏠 中央区 ¥ ¥¥ 📞 01 12 22 11 11 @ www.newotanisapporo.com

诺富特酒店（Hotel Novotel）

酒店地理位置优越，服务周到。有230间客房。🏠 中央区 ¥ ¥¥ 📞 01 15 61 10 00 @ www.novotelsapporo.com

购物

札幌大丸百货（Daimaru）

札幌车站就是一个大商圈，购物很方便。超级大型综合商场大丸百货是札幌最大的免税店，从地下的超市到8楼的美食城，还有各大品牌专卖店，在这里可以满足一切购物需求。🏠 5-4-7，中央区 🕐 10:00—20:00 @ www.daimaru.co.jp/sapporo

问询中心

您能在札幌城市旅游信息中心得到城市旅游指南。🏠 JR车站 📞 01 12 13 50 88

札幌市民联络中心（Sapporo Citizen Contact Center）

联络中心（📞 01 12 22 48 94 @ www.welcome.city.sapporo.jp/english）位于札幌钟楼的中心区域。

札幌冰雪节：从电视塔上俯视，壮观的白色世界就在脚下

日本

省钱有道

北海道有254家便宜的露营地（@ en.visit-hokkaido.jp/activities/camping sites）。在苏奈河营地（Satsunai River Camp ☏ 01 55 69 43 78）您可以租到单层小屋。

小樽山（Otaru Mountain）脚下的札幌小樽茂腾别墅酒店（Otaru Villa Moun Teng）距离市中心很近，是郊游、滑雪的理想基地。

观光巴士（道南巴士 ⓒ 1月21日—2月21日，6月20日—8月15日，10月15日—20日 ☏ 01 42 75 23 51）只需花费100日元，共计18站。

周边景点

支笏洞爷国家公园（Shikotsu Toya National Park）（折页 H3）

这座占地面积983平方千米的大型国家公园距离札幌仅30千米。洞爷火山湖（Lake Toya）当属日本最美丽的风景之一。湖南岸的温泉是该地区的旅游中心，这里许多酒店都提供公共温泉（¥ 入场费500~1000日元）。5月至10月湖上游览船来来往往。

然而这里绝非绝对安全。洞爷火山仍然活跃着，最近的一次喷发在2000年，数千居民不得不搬离该地区。在洞爷湖游客中心，精心设计的有3D影院的火山博物馆（ⓒ 9:00—17:00 ¥ 免门票 ☏ 01 42 75 25 55 @ www.toyako-vc.jp）向人们展示了这座火山的信息。令人吃惊的是，这座日本最年轻的火山——昭和新山（Showa Shinzan）是1943年才形成的。

从洞爷火车站出发【🏠 洞爷火山湖，虻田町（Abuta）☏ 01 42 75 24 46】，乘坐大巴90分钟后抵达在日本最受欢迎的北海道登别温泉（Noribetsu Onsen @ www. takimotokan.co.jp）。这里许多澡堂和酒店都有温泉，如第一泷本馆酒店（Daiichi Takimotokan Hotel ⓒ 9:00—18:00 ¥ 入场费2 000日元 ☏ 01 43 84 21 11）

洞爷温莎水疗度假酒店（Windsor Toya Resort & Spa）

这座2008年八国集团峰会的会议酒店位于洞爷湖和太平洋之间的一座山上，景色令人叹为观止。酒店集国际化风格和日式传统优雅于一体。有398间客房。🏠 虻田郡洞爷湖町清水（Shimizu Toyakocho Abutagun）¥ ¥¥¥ ☏ 01 42 73 11 11 @ www.windsor-hotels.co.jp

仙台

（Sendai）（折页 H6）东北地区最大的城市——仙台（人口10万）在第二次世界大战中曾受到重创。

这座"森林城市"的小山丘上坐落着城市建立者伊达政宗（Date Masamune）的陵墓，这里值得您前往游览。ⓒ 4—10月 9:00—16:30，11月至次年3月 9:00—16:00 ¥ 550日元 🚌 自火车站乘坐仙台巴士到第四站下车

美食

当地特色 Sendai Kakitoku

米饭配炸牡蛎的"牡蛎土手锅"十分出名，这里的菜肴每三天就会有

日本北部

新变化。🏠 一番町（Ichiban）🕐 周二至周六 11:00—17:00 ¥ ¥¥ 📞 02 22 22 07 85

住宿

仙台蒙特利酒店（Monterey Sendai）

这家位于市中心的酒店离火车站只有100米的距离，内设3家餐馆和温泉。有206间客房。¥ ¥ 📞 02 22 65 71 10 @ www.hotelmonterey.co.jp/en/htl/sendai

问询中心

仙台旅游信息中心（Sendai Tourist Information Center）

🏠 JR仙台站，中央区 📞 02 22 22 40 69 @ www.sentabi.jp/en/info

周边景点

松岛湾（Matsushima Bay）★（折页H6）

雄伟的海湾和沿岸矗立的269棵松树在仙台东南20千米处的松岛湾曼延，这里有日本三景之一。大多数岛屿都是起源于火山。通常只有那些长在山峰上形状奇特的植被能露出水面。大多数区域都遭受了2011年地震的波及，这次地震在旅游信息中心有着明确的记录。但这并不影响这个景点的受欢迎程度，这里的景色曾得到过许多日本著名诗人的歌颂。您可搭乘火车前往盐灶（Shiogama）或松岛海岸（Matsushima Kaigan），从那里您能到达游船的靠岸地点。

从松岛海岸火车站步行5分钟，穿过日本雪松林荫大道前往瑞严寺（Zuiganji 🕐 4—9月 8:00—17:00，10月至次年3月 8:00—15:30 ¥ 700日元），该寺是北方十座最美寺院之一。主厅的彩绘屏风和雕刻值得一看。这个建于827年的寺庙于2018年重建，此时只有部分区域开放。问询中心 📞 02 23 54 26 18 @ www.matsushima-kanko.com

这座松岛湾的桥梁通往260座火山岛之一

日本东部和中部

　　日本东部的超级大都会——东京是国家的经济和政治中心。与其毗邻的有大城市横滨（Yokohama）和川崎（Kawasaki），以及千叶县（Chiba）和成田机场。

　　在这个方圆50千米的世界上屈指可数的大都市区内总共居住着大约4 000万人。日本总人口的1/4都在这里生活和工作。还好还有像镰仓、日光（Nikko）和富士地区（Fuji Area）这样的自然和文化的世外桃源。在新干线开往京都的路上，游客可以饱览日本中部核心地区的各种风景。在时速250千米的列车上，一排排工业厂房和类似的村庄匆匆而过。不远处还有伊势神宫（Ise Jingu），这里流传着传统文化里最重要的日本神道神话传说。还有一座名声略逊于富士山，可是风景同样蔚为壮观的山脉——"日本的阿尔卑斯"（主要为飞驒山脉），其起于长野（Nagano），从本州岛的脊部绵延而过直至西南。12座海拔高达3 000米的山峰、深邃的峡谷，以及令人惊艳的山水风景都等待着游客前来探索。

上图：东京浅草寺

这里的一切形成鲜明的对比——忙碌且现代的日本都市，适合休养身心的富士山。

箱根

（Hakone）（折页 G8）雄伟的富士山的美妙景色构成了旅游胜地箱根（人口1.4万）的独特魅力，除此之外这里还有温泉浴场、远足小径和其他疗养项目。

从东京新宿（Shinjuku）到箱根汤本（Yumoto）的小田急铁路线浪漫特快一日游（90分钟）很有意思，然后可以继续乘坐箱根登山电车到强罗站（Gora，30分钟）。这个铁路公司还提供价格划算的箱根通票（Hakone Free Pass @ www.odakyu.jp/english、www.hakone.or.jp），凭借通票您可以

日本

镰仓大佛充满和谐之美

在同一天内乘坐往返线路的火车和公共汽车,以及箱根的缆车和游船。

景点

箱根神社(Hakone Shrine)

箱根神社于757年由万卷上人牧师(Mangan)建立,至今保存完好。神社的鸟居面朝湖面,熠熠生辉。连接神社与外界的是一条雪松环绕的河畔小径(¥ 免费)。在附近您可以看到箱根关所,这是著名的东海道(Tokaido)——东京京都高速公路上江户时代的关卡。关所旁边重新修缮的房屋内有一个关于这条街道历史的博物馆。 ◎ 9:00—17:00,12月29日至31日关闭 ¥ 500日元 @ www.hakonesekisyo.jp/English

美食

Soba Shop Jihei

这家传统别致的餐厅位于箱根汤本的购物区,提供荞麦面和乌冬面。特色是天妇罗荞麦冷面。◎ 只要储备的面条充足就营业 ¥ ¥ ☏ 04 60 85 53 54

休闲/运动

● 游览芦之湖(Lake Ashi)

装饰成海盗船的游船很容易让人联想到迪斯尼乐园,乘船游览从桃源台(Togendai)出发前往箱根和元箱根(Moto Hakone),然后返航。富士山周边的景色很美,您的旅途会十分惬意。◎ 3月20日—11月30日 9:30—16:00,每40分钟一趟;12月1日至次年3月19日 10:00—15:00,每50

日本东部和中部

分钟一趟 ¥ 30分钟970日元 @ www.odakyu.jp/global_site

住宿

富士屋酒店（Fujiya）

富士屋酒店是日本第一家度假酒店（1878年起），作为富士屋连锁酒店的旗舰店，箱根宫之下的这座酒店富有魅力，蕴含着传统和文化。酒店配有室内及室外游泳池。有146间客房。¥ ¥¥ ☏ 04 60 2 22 11 @ www.fujiyahotel.co.jp/en

问询中心

箱根游客信息中心（Hakone Tourist Information Service）

⌂ 汤本 ☏ 04 60 85 57 00 @ www.hakone.or.jp/English

镰仓

（Kamakura）（折页 G8）古老的寺庙、神社、纪念碑，还有其他建筑，再加上充满魅力的远足小径和从东京出发仅仅1个小时的火车车程，镰仓这个三浦半岛（Miura Peninsula）西北部的城市（人口17.4万）可以算是非常合适的一日游目的地了。

镰仓过去是日本的政治军事中心，禅宗在这里一度十分兴盛。这里有数不清的寺庙，瑞泉寺（Zuisen-ji）和报国寺（Hokokuji）的花园十分美丽，值得一看。这两个地方从火车站步行或骑自行车就能到达。此外公共汽车也有游客的观光路线，乘车可以直接去往下一站北镰仓（Kita Kamakura）。许多景点都有英文指示牌标识。

必游景点

★ **镰仓大佛**
著名的镰仓大佛周身散发着和平与和谐的气质。→ P.46

★ **伊势神宫**
位于名古屋的神道教神社，这里的每栋建筑每20年都会拆除一次并重建。→ P.54

★ **日光东照宫**
华丽的东照宫是第一位幕府大将军的陵墓。→ P.55

★ **东京晴空塔**
东京晴空塔上风景美不胜收。→ P.58

★ **御台场**
在人工岛上体验别样东京。→ P.60

★ **明治神宫**
这个神道教的圣地是东京的"绿肺"。→ P.60

★ **东京都厅舍**
在48层的东京都厅舍俯瞰东京美景。→ P.61

★ **浅草寺**
信徒燃起香火，祈佑能免于病痛和其他灾祸。→ P.57

★ **原宿**
动漫迷注意了：周日，这个东京时尚区会成为Cosplay爱好者的秀场。→ P.59

★ **筑地鱼市**
早起是值得的，筑地鱼市为您的所有感官都提供了一场盛宴。→ P.62

45

日本

景点

镰仓大佛（Daibutsu）★
最著名的大佛是该市的主要景点，这座1252年建成的佛像高13米，坐落在一间庙堂之中，1495年曾被洪水冲毁。如今的大佛身处室外，神态安详、气韵平和。🕐 5—10月 8:00—17:30，11月至次年4月 8:00—17:00 ¥ 220日元 🚌 乘江之岛电铁（Enoden）至长谷站（Hase Station）下

圆觉寺（Engaku Temple）
这座禅宗建筑是于1282年建成的。🏠 北镰仓 🕐 3—11月 8:00—16:30，12月至次年2月 8:00—16:00 ¥ 300日元

建长寺（Kencho Temple）
建长寺是镰仓五大禅宗寺庙中最大的一座，于1253年由一位中国住持建造而成。🏠 山之内（Yamanouchi）🕐 8:30—16:30 ¥ 300日元

东庆寺（Tokei Temple）
东庆寺于1285年建成，坐落在圆觉寺对面。女人希望和丈夫离婚的话便会逃入此寺，住满3年后视作婚姻关系自动解除，因此东庆寺又称"缘切寺"。🏠 北镰仓 🕐 3—10月 8:30—17:30，11月至次年2月 8:30—16:00 ¥ 200日元

鹤冈八幡宫（Tsurugaoka Hachimangu）
鹤岗八幡宫因其一座收藏有千余件该地区宝物的珍宝馆而被视为是镰仓最重要的神社。🏠 雪之下（Yukinoshita）🕐 6:00—21:00 ¥ 免费，博物馆门票200日元

美食

比较不错的餐厅都集中在小町通购物街（Komachi Dori）和车站通向鹤冈八幡宫的主干道上。

钵之木（Hachinoki）🌱
美食行家可以在古色古香的建筑里品尝佛教素食菜品怀石料理。🏠 建长寺入口处 🕐 8:00—18:00 ¥ ¥¥ ☎ 04 67 23 37 23 @ www.hachinoki.co.jp

櫺亭（Raitai）
这是位于高砂城区（Takasago）、镰仓西部山间的一间传统餐厅。需要提前预订。🕐 11:00—19:00 ¥ ¥ ☎ 04 67 32 56 56

休闲/运动

海滨生活
夏天的时候，东京人和游客都将镰仓视为海滨天堂。火山喷发作用下产生的灰黑色沙滩十分宽阔，仿佛在邀请人们过来游泳或进行水上活动。沙滩上的房子也提供洗浴以及美食。由比浜（Yuigahama）、材木座（Zaimokuza）和腰越（Koshigo）三个海滩最受欢迎，且交通方便。🕐 7—8月

住宿

镰仓王子酒店（Kamakura Prince Hotel）⚜
该酒店位于七里滨（Shichirigahama）最受欢迎的海滩，拥有高尔夫球场，以及季节性的室外温泉池。美

日本东部和中部

丽的太平洋一览无余。有95间客房。¥ ¥¥ ☏ 04 67 32 11 11 @ www.princehotels.com

问询中心

游客中心
游客中心提供方便的自行车出租服务。🏠 火车站 ☏ 04 67 22 33 50 @ en.kamakura-info.jp

金泽

（Kanazawa）（折页 F7）在金泽辽阔的日本海上旅行是一场绝对享受之旅，您可以观赏到保存完好的武士住宅和日本三大名园之一的兼六园（Kenroku Garden）。从东京去往金泽这个海港城市（人口45万）只需2.5小时。游览所有的景点一天就足够。

景点

兼六园（Kenrokuen）

"Kenrokuen"翻译成"兼六园"再好不过了，"六"指的是中国园林的6个传统标准：自成一体、宽敞、艺术性、古典性、水景和远景。人造池边矗立着一座石灯，美妙的静态美使其闻名于世。兼六园原先只是金泽城（Kanazawa Castel）的花园，而现在人们往往不太想去金泽城遗址，因为游客总是如潮水般向这个武士剧拍摄地涌来。自17世纪开始，这个公园的开放范围不断扩大，自1871年以来已经向公众开放了12 000棵树。在这里漫步是一种享受，除了樱花盛开季节

宁静的兼六园是日本最美的三座花园之一

日本

人满为患的时候。如果在早间开放时间过来的话，很可能整个公园只有您一个人。🏠 丸之内（Marunouchi）🕐 早间开放时间：4—8月 4:00—6:45，11月至次年2月 6:00—7:45，3月、9月、10月 5:00—6:45；正常开放时间：3月至10月15日 7:00—18:00，10月16日至次年2月 8:00—17:00 💰 早间入园免费，其他时段310日元

长町武士住宅（Samurai Quarter Nagamachi）

这条拥有土墙、木屋、纸窗和隐蔽花园的巷子是江户时代保存最完好的武士住宅区之一。尤其是在武家屋敷遗迹野村家（Nomura House 🕐 8:30—16:30 💰 500日元），可以很好地了解到过去武士阶层的生活方式。1770年的寺岛家住宅（Terajima House 🕐 周五至次周三 9:00—16:00 💰 300日元，含英文宣传册）有一个安静的小型花园，茶室可以提供绿茶，一杯300日元。另外值得一去的是加贺友禅丝绸中心（Kaga Yuzen Silk Center），如今在这个旧式的武士住宅里您可以欣赏到和服丝绸上彩的工艺（🕐 9:00—12:00，13:00—17:00 💰 350日元）。🚌 20、21、22路公交车坐至香林坊站（Korinbo），然后步行10分钟

成巽阁（Seisonkaku）

前田氏的领主前田齐泰于1863年命人在兼六园东南边为其母建造了一处隐居所，该建筑布置精美，格调优雅，如今仍能参观。🕐 周四至次周二 9:00—17:00，12月29日至次年1月2日闭园 💰 700日元，含英语导游宣传册

美食

寿家旅馆（Kotobukiya）

这座有120年历史的餐厅在大山神社（Oyama Shrine）北边，店里使用的是典雅的轮岛涂漆器。🏠 尾张町（Owaricho）公交站 💰 ¥¥ 📞 07 62 31 62 45 @ www.kanazawa-kotobukiya.com

住宿

日航酒店（Nikko Hotel）

房间宽敞，位于火车站和购物中心旁边，餐厅很不错（提供中式和日式菜品）。有254间客房。🏠 本町（Honmachi）💰 ¥¥ 📞 07 62 34 11 11 @ www.hnkanazawa.co.jp

问询中心

金泽游客中心（Kanazawa Tourist Office）

🏠 金泽火车站 📞 07 62 32 39 33 @ www.kanazawa-tourism.com

周边景点

轮岛（Wajima）（折页F6）

尽管在途中看遍了保存完好的衣庄，可是喜爱日本漆器工艺的人还是不能错过这个能登半岛（Noto Peninsula）北部的小地方（距离金泽96千米），漆器工艺就是500多年前在这里发展起来的。您可以直接从手艺人手中获得这样的漆器，这可是在日本其他地方都找不到的珍贵礼物。火车站的游客中心会很乐意为您指明去往轮岛漆艺博物馆（Wajima Shikko Kaikan（🕘 8:30—17:00 ¥ 博物馆门票200日元）的路，这是一个享受艺术的殿堂。楼上展示了漆器工艺的68道工序，一楼则是店家，他们摆出了价值极高的漆器，以供游客欣赏和购买。另外在漆艺美术馆（Urushi Art Museum 🕘 9:00—16:30 ¥ 600日元）还有其他的漆艺作品。在桐子灯笼博物馆（Kiriko Kaikan 🕘 8:00—17:00 ¥ 600日元）有大型的漆绘彩车。从金泽到轮岛每天有一班直达快车（135分钟）。

服地解释清楚552年从韩国运往日本的第一尊佛像——一光三尊阿弥陀如来佛像是如何消失的。据说这座佛像现在是被隐藏起来了。每六年人们可以有一次机会参观它的复制品，下一次展出是2021年。寺庙曾多次遭大火烧毁，但总是能依靠捐助基本按照原来的样子重建。如今的寺庙大厅可以追溯到1707年，是国家级的文物宝藏。寺庙的后面有一个通向暗处的阶梯，人们可以在黑暗中摸索，直到碰到金属的"通往救赎大门的钥匙"。

长野

（Nagano）（折页 F7）长野这个工业城市（人口38.3万）是著名的冬季运动中心，并且是1998年冬季奥运会的主办城市。

尽管大部分体育场馆都是斥巨资建设且无法收回成本的，由此导致长野市背负了沉重的债务，但举办奥运会还是对交通道路的铺设起到了促进作用：各大高速公路从东京、大阪、京都穿过日本阿尔卑斯山脉，延伸至长野。北陆新干线也通车了，从东京到长野的火车车程减半至90分钟。现在每年有超过400万的游客来到长野，其中大部分都是为了在周边地区滑雪，当然也有游客到这里来是为了看看被誉为日本最美寺庙之一的善光寺。

景点

善光寺（Zanko Temple）

关于这个7世纪建的寺庙有许多传说，但是没有一个故事能够令人信

黑色的松本城与鲜艳的红叶形成了鲜明的对比

日本

另外一个值得参与的是早晨5:30的晨间参拜,信众能通过念珠受到赐福。🏠 距火车站1.5千米,中央通大街(Chuo Dori)北部 🕐 5:30—16:30 💴 500日元 🚌 公交每10分钟一班,乘坐公交费用150日元,乘坐出租车约900日元

美食

竹风堂(Chikufudo)

提供当地特色美食——带栗子的特色菜。🏠 邮政总局 🕐 8:00—19:00 💴 ¥ 📞 02 62 47 25 69

中条寿喜烧(Sukitei)

最好的寿喜烧餐厅,提供上等的牛肉。这些牛都是按照当地习惯用苹果喂养大的。🏠 妻科(Tsumashina) 🕐 周二至周日 💴 ¥¥ 📞 02 62 34 11 23

住宿

长野日航城市酒店(Jal Hotel Nagano)

这座酒店拥有极高的管理标准,却只需商务酒店的价格。视野极好,能够饱览日本阿尔卑斯山脉的风光。有242间客房。🏠 问御所町(Toi-goshomachi) 💴 ¥¥ 📞 02 62 25 11 31 @ www.jalhotel.com/nagano

21号国际酒店(Hotel Kokusei 21)

有现代化的设施,深受外国人喜爱,地理位置优越,设有8个餐饮场所和许多其他设施。有149间客房。🏠 县町(Agata) 💴 ¥ 📞 02 62 34 11 11 @ www.kokusei21.co.jp

问询中心

长野游客信息中心(Nagano City Tourist Information Center)

🏠 长野火车站 📞 02 62 26 56 26 @ www.nagano-cvb.or.jp

周边景点

松本(Matsumoto)(折页F7)

松本(长野西南方向71千米处)是日本阿尔卑斯山脉的玄关口,其美丽的古城、4月中旬的樱花和11月初的红叶都值得一游。至于其他方面,

联合国教科文组织认定的世界遗产:白川

日本东部和中部

这座14、15世纪小笠原氏族遗址城市如今略显安静，人口20万，是个典型的日本小城。松本的象征是 当地锦囊 ▶松本城（Matsumotojo），因其黑色的建筑门面又被当地人称为"乌城"。它是当今保存最完好、最美丽的古城之一，较为特别之处在于，它是建在平原上而不是建在山上的。🏠 市中心，距火车站步行15分钟 🕐 8:30—17:00，12月29日至次年1月3日闭馆 ¥ 610日元，含民间文化博物馆 🚌 乘坐公交至市役所前站（Shiyakushoame），200日元

当地锦囊 ▶丸茂传统日式旅馆（Marumo Ryokan）为您提供价格友好的住宿选择，旅馆由库房装修改建而成，有公共浴室和洗手间。有8间客房。¥ ¥ 📞 02 63 32 01 15 @ marumo_ryokan@ybb.ne.jp

白川（Shirakawa Go）（折页 F7）

这个古老的村庄坐落在庄川河谷（Shogawa，人口约1 700，距长野275千米），是联合国教科文组织认定的世界遗产，因此有很多游客前来参观。大型的合掌式农舍的茅草屋顶夹角达60度，建筑风格十分具有特色。这些屋顶需要承受该地区巨大的降雪量。最好的观景台在荻町城展望台（Ogimachi Joseki）。观光的出发点最好就选在有110间合掌屋的白川游客中心（@ www.shirakawa-go.org）。某些传统的合掌屋也提供住宿。@ info@shirakawa.go.jp

高山（Takayama）（折页 F7）

这个日本阿尔卑斯山脉边的小城（人口9.6万，距长野18千米）拥有传统的酒馆、清酒酿造厂和雅致的商店，相比日本其他大部分地区，其保留了更多的原始魅力，尽管老城区的游客也是熙熙攘攘。宫河（Creek Miya）后面是3条街道的起点——上一之町（Ichinomachi）、上二之町（Ninomachi）和上三之町（Sannomachi），这个街区遍布着传统手工艺商店（尤其是木工和木雕）、木质商店、画廊博物馆、餐厅和日式传统旅馆。距市中心20分钟步行路程处有一座飞驒民俗村（🕐 8:30—17:00 ¥ 700日元），里面有30多个传统飞驒风格的建筑。在这些有着陡峭茅草屋顶的博物馆里展出着山村和农庄的日用工具。

一家日式餐厅 当地锦囊 ▶Susaki（🕐 11:30—14:00，17:00—21:00 ¥ ¥¥¥ 📞 05 77 32 00 23）十分雅致，已有250年的历史，提供精致的宗和流本膳（冷菜），还有一座可以举办茶会的精美花园。传统的日式旅馆 当地锦囊 ▶阿苏纳旅馆（Ryokan Asunaro Hotel ¥ ¥¥¥ 📞 05 77 33 55 51 @ www.yado-asunaro.com/English）有18间客房，设施完备，有花园、豪华厨房以及免费无线网。高山游客中心 🏠 火车站前 📞 05 77 32 53 28 @ www.takayama-guide.com，www.hida.jp/english

名古屋

（Nagoya）（折页 F8）名古屋作为日本汽车巨头丰田集团的诞生地，是日本汽车工业的中心，拥有220万人口。

名古屋并没有发生过很多重要的历史事件，但仅仅是那座令人骄傲的名古屋城就能够让人回忆起日本3位最

日本

重要的人物——织田信长、丰臣秀吉和德川家康，他们都在这座城里留下了自己的印记。而2005年，名古屋世博会将这座工业大都市美好的一面前所未有地展示在了全世界人民面前。

景点

热田神宫（Atsuta Shrine）

建于3世纪的热田神宫是日本最重要的宗教建筑之一，这里保存着象征皇权的三神器之一的天丛云剑（又名草薙剑）。据传说，日本天皇从天照大神那里获得了象征皇权的三神器，另外两件是八尺琼勾玉和八咫之镜。仅仅天皇和少数神道神主拥有一观天丛云剑的特权。神社全天开放，您可以在神宫内品尝当地特色小吃柯易西面（Kishimen Noodle）。¥ 免费 ☏ 05 26 71 41 51 @ www.atsutajingu.or.jp/en/intro

名古屋城（Nagoya Castle）

名古屋城由幕府将军德川家康于17世纪初建成，在第二次世界大战中被毁，1959年在钢筋混凝土中重新被建起。矗立在天守阁之上的两个巨大的形似海豚的动物令人瞩目——这是由18K黄金打造的虎头形的鱼，在城市的每个纪念品商店都能找到模型。🏠 中区（Naka）🕐 9:00—16:30，年末闭馆 ¥ 500日元 ☏ 05 22 31 17 00

德川美术馆（Tokugawa Art Museum）

幕府将军德川家族一度拥有名贵的印刷品、书法、卷轴画、华丽的漆器和瓷器。可惜的是，最有价值的作品，比如描绘12世纪源氏物语的绘卷，都处于密封保存中，只能通过视频介绍来欣赏。另外值得参观的有德川花园和能乐舞台展品。🏠 东区（Higashi）🕐 周二至周日10:00—16:30，12月20日至次年1月3日闭馆 ¥ 1 200日元，花园门票300日元 ☏ 05 29 35 62 62 @ www.tokugawa-art-museum.jp

丰田汽车博物馆（Toyota Museum）

汽车巨头的崛起之路从这里开始。如今，在当时丰田创始人生产织机的第一片工厂土地上，记录着丰田集团的发展、技术和愿景。🏠 长久手（Nagakute）🕐 周二至周日 9:30—17:00 ¥ 500日元 @ www.tcmit.org

美食

Ibasho

这个小餐厅专门做名古屋特色的鳗鱼料理——烤鳗鱼。鱼肉一般是放在汤里，或者和香葱一起烹调。🏠 中区 ¥ ¥¥ ☏ 05 22 41 39 44

世界之山（Sekai no Yamachan）

这是火车站附近的人气居酒屋，提供美味的炸鸡翅，还有其他小点心。🕐 17:00—23:00 ¥ ¥ ☏ 05 25 71 21 06 @ www.yamachan.co.jp

> **从这里出发**
>
> 中央火车站：某种意义上来说，中央火车站也自成一个独立的城市，有百货公司、精品店、餐厅、酒店以及观景台。地铁樱通线（Sakura Dori）从火车站东口出发，驶向名古屋电视塔。您可以参考地铁站点的英文标识去往大多数的景点。

日本东部和中部

矢场町炸猪排店（Yabaton）

这是一家超具人气的日式猪排店，最好吃的当然是味噌猪排了。店员围裙上的小猪标志十分抢眼。🏠 大须（Osu）🕐 周二至周日 💴 ¥ 📞 05 22 52 88 10

娱乐

爱知县体育馆（Aichi Prefectural Gymnasium）●

该体育馆坐落在名古屋城的地段上，是用作演唱会、运动会和大型事件的活动场馆。每年著名的相扑夏季锦标赛（🕐 7月第二至第四个周末 15:00—19:00 💴 门票2 800~15 000日元不等）在此举行。馆内还有小型室内游泳池（🕐 18:00—20:00 💴 1 900日元）、健身房（🕐 16:00—20:00 💴 1 200日元）。🏠 中区 📞 05 29 71 25 16

JOYJOY ●

这是随时开放且随处可见的卡拉OK，您可以在JOYJOY旗下的任意一家分店开启您的欢唱之旅，如千种区（Chikusa）店，提供饮料与零食。💴 价格根据包厢级别和时间而定，900日元起 📞 05 22 49 07 17

住宿

名古屋ANA皇冠假日酒店（Ana Crown Plaza Grand Court Nagoya）

当地最好的酒店！有246间现代化的房间。距JR火车站路程极短。酒店配有6个餐厅、免费的无线网络以及健身房。🏠 中区 💴 ¥¥ 📞 05 26 83 41 11 @ www.anacrowneplaza-nagoya.jp/English

身着白色长袍的女潜水员

名古屋希尔顿酒店（Hilton Nagoya）

地处市中心，服务绝佳，配有健身中心和室内游泳池，以及往返火车站和名古屋城的摆渡巴士。🏠 中区 💴 ¥¥¥ 📞 05 22 12 11 11 @ www.hilton.com

威斯汀名古屋城堡酒店（The Westin Nagoya Castle）

名古屋市唯一一家拥有绝佳古城观景角度的酒店，地处美丽、安静的区域，性价比极高。有229间客房。🏠 西区（Nishi）💴 ¥¥¥ 📞 05 25 21 21 21 @ www.starwoodhotels.com/westin

日本

问询中心

名古屋火车站游客中心（Nagoya Station Tourist Information Center）

🏠 站内中央大厅 📞 05 25 41 43 01 @ www.nagoya-info.jp/en

周边景点

伊势神宫（Ise Jingu）★（折页F8）

这座位于名古屋以南135千米处、3世纪建成的神道神社是日本最大的圣殿之一。每年约有600万人前往伊势（Ise）朝圣，就为了能够参观这座神宫。这个庞大的建筑群由两座主宫和数座别宫组成。超过200座宫殿每隔20年就要拆除一次，并在邻近地址按照原样重新建起。这项在迁移神宫时使用的已经流传了几个世纪的工匠技术是在不需要金属钉的情况下完成的。完工时每座神像都要经过一个"式年迁宫"（Sengo no Gi）的仪式才能搬入新的宫殿。自1958年以来，国外的游客也可以参与这个仪式。最重要的神殿——内宫（Naiku），是为皇室家族以及高级别的神主准备的。大多数别宫建筑结构类似。从内宫的西侧到荒祭宫（Aramatsuri Nomiya）的路上，🌿您可以将整个圣殿的景色一览无余。在阳光明媚的日子里，柏树林与一排排屋顶的金边竞相闪耀着光芒。在内宫供奉着天照大神的八咫之镜，据说这面镜被供奉在一个木质底座上的锦囊之中。如果锦囊老化，人们会重新套上一个新的锦囊，不会让手触碰到这面神圣的镜子。由于该宫廷圣物是3世纪被送到这里的，所以还从未有人见过它。尽管天皇有权使用这件神器，可是人们也并不知道他是否真的用过这面镜子。🕐 从日出到日落 ¥ 免门票 @ www.isejingu.or.jp 🚆 从名古屋乘坐高速列车至伊势市站（Ise Shi）或宇治山田站（Ujiyamada），约1.5小时

鸟羽（Toba）（折页F8）

鸟羽距名古屋150千米。人们总是把这个城市和御木本幸吉（Mikimoto Kokichi）这个名字联系在一起，此人靠养殖自然珍珠成为一名富有的企业家。展厅里也有对于捕获牡蛎的技巧的英文介绍。今天还能看到穿着白色长袍的女海洋潜水员寻找珍珠贝的演出，演出有英文讲解。鸟羽设有观景台（🕐 8:30—17:30，冬天 9:00—16:30 ¥ 1 500日元）。🚆 乘坐近畿日本铁道线列车，从伊势市站到鸟羽站约需20分钟

日光

（Nikko）（折页 G7）**日本流传着这样一句话："在你来到日光之前，就不要说'美'！"**

在日光（人口2万）您能领略到日本最华丽的寺庙建筑群、周边的壮丽风景，以及拥有一条美丽远足小径的山谷。从东京出发前往日光（位于东京北方约125千米处）的话，建议您选择火车或者旅行社的大巴，一日游便足够。一周中工作日的早上游客比较少，建议您最好不要选择周末或节假日。

日本东部和中部

日本最壮观的建筑之一:日光东照宫

景点

日光东照宫(Toshogu)★

最有名的景点是德川家康的陵墓。德川家康是日本江户幕府第一代将军,1603年任征夷大将军,他在250多年前开创了江户幕府。1634年,由德川一位孙辈委任,历时两年建造出了这个金碧辉煌的神宫建筑群,有15 000名能工巧匠以及当时最优秀的艺术家参与了建造工程。这个神宫反映了当时德川家族巨大的财富和权力。

通往神宫的道路从神桥(Shinkyo)延伸而过,跨越多重石阶,穿过一道大门,门边矗立着一座宝塔。在每座建筑里您都可以找到精妙绝伦的艺术品,例如拥有石刻大象的3座神庙,以及展有著名的3只代表非礼勿听、非礼勿言、非礼勿视的猴子的圣殿。该神宫的珍品是以数百万的金箔和珍贵雕刻装饰的阳明门(Yomeimon)。 ⏰ 4—10月 8:00—17:00,11月至次年3月 8:00—16:00 💴 套票1 000~1 300日元不等 @ www.toshogu.jp 🚌 乘坐东武(Tobu)公交从日光火车站至神桥站或西参道(Nishisando)站下车

美食

日光烤鸡肉串烧店(Hippari Dako)

非常迷你的日式烤鸡串和拉面店(只有3张桌子),位于通向东照宫的主路上,深受外国人喜爱。🏠 上钵石町(Kamihatsuishi) ⏰ 11:00—20:00 💴 ¥ 📞 02 88 53 29 33

日本

住宿

日光金谷酒店（Nikko Kanaya Hotel）

这是日光的传统酒店，自1873年传承至今，服务极佳。离日光公园很近，到华严瀑布（Kegon Waterfall）也只需30分钟车程。有70间客房。🏠 上钵石町 ¥¥ 📞 02 88 54 00 01 @ www.kanayahotel.co.jp

问询中心

游客中心

🏠 东武日光（Tobu Nikko）火车站 📞 02 88 53 45 11 @ www.nikko-jp.org/english

周边景点

中禅寺湖与华严瀑布（Lake Chuzenji and Kegon Waterfall）（折页G7）

中禅寺湖位于日光国家公园（Nikko National Park），距日光市区30千米，拥有美丽的自然风光。中禅寺湖水从97米高的岩壁上倾泻而下，这便是华严瀑布。男体山（Nantaisan，2 484米）屹立在湖面之上，这座死火山是登山爱好者的首选之地。沿着通往山顶的小路向上攀爬就来到山顶的神社。🕐 每年5—10月可登山 🚌 乘坐东武公交至中禅寺温泉站（Chuzenjiko Onsen）

东京

（Tokyo）（折页G7）东京可能比您想象的还要大。这里居住着900万人口，约有3 500万人口居住在东京周围的人口稠密区。其结果就是：所有的事情都在同时发生。东京的未来从当下便开始。

东京摩天大楼林立，座座都直指天空。街道车水马龙，巨型霓虹灯广告招牌十分引人注目。粉色的商场闪闪发光，人们从全国各地涌来，人群熙熙攘攘。市中心约100座摩天大楼组成了这座城市的天际线。

42层的爱宕绿丘（Atago Green Hills）首创了将办公和居家生活融合在一起的风格，随后54层的六本木之丘（Roppongi Hills）又将办公大楼、电影院和商业区的融合推向了新的高度。后来城中又纷纷涌现出各种高级的街区，在原先货运车站31万平方米的土地上拔地而起的梦幻般的汐留区，正在慢慢成为东京新的热点区域。尽管最近面对着地震威胁——在2011年3月11日的那场大地震灾难中东京也有震感，高楼大厦摇摇晃晃，可东京的建筑依旧闪耀，不为所动。从世界众多摩天大楼当中脱颖而出的是丸之内（Marunouchi）街区中心火车站周围的摩天大楼，以及东京晴空塔（Tokyo Sky Tree）。晴空塔塔高

> **从这里出发**
>
> 🏙 新宿火车站（折页B5）：东京游最理想的出发点就是新宿区，这里是东京最大的交通枢纽。这里有适合周游东京的环线 ● 山手线（Yamanote）和大多数郊区列车，完美的地铁网络线相互交会，您可以从这里出发游览东京的23个区，乘坐这里的列车几乎可以到达所有的景点。

日本东部和中部

浅草寺屋顶上空高耸着东京晴空塔

634米,是东京的新地标。而目前东京为了迎接2020年夏季奥运会(7月24日—8月9日)正在准备体育场馆以及其他基础设施的建设。

您可以在23个区的随便一个地点上车,东京完美的地铁线几乎可以让您方便地到达任何目的地。基本的地点标签是:皇居与银座之间是最富有和最华丽的日本,涩谷适合青春狂欢,最好的寺庙和地标晴空塔在浅草(Asakusa),御台场(Odaiba)适合悠闲放松。

景点

浅草(Asakusa)(折页 f1)

尽管一个超级现代化的电视塔使得隅田川(Sumida River)畔的浅草区看起来非常时髦,可是参观过很多购物街、小酒馆以及手工艺商店之后,您就会感觉到,这个地方似乎还属于"没有进入现代社会的东京"。浅草曾经是很有名的娱乐区,有许多色情场所、戏院和庙会。后来在这里上演了日本第一部西方歌剧和电影,而且第一家脱衣舞俱乐部就是在这里开张的。

浅草区中心是★浅草寺(Sensoji),浅草寺也被称为浅草观音寺。通向寺庙的道路穿过雷门(Kaminari Mon),您可以在这里看到最著名的东京旅游画册上的高达3.3米、重达100千克的大灯笼。雷门是经过重建的,可大门两边风、雷二神的神像头颅却已经拥有很久的历史了。仲见世通商业街(Nakamise Dori)上有很多纪念品商店,这条街道直通主庙,经过了一座巨

日本

大的香炉，虔诚的信徒在烟雾缭绕中上香，祈佑免于病痛和其他灾祸。

浅草寺的金色神社里供奉着一座仁慈圣观音的金色塑像。据传说，628年两个渔夫在河口打鱼，用网捕获了这尊金色的塑像，后来他们就建起了浅草寺。观音堂（Kannondo）多次被破坏，于1958年进行重建。许多日本人在这里把钱投入祭祀箱，祈祷幸福安康。还有一些小的庙堂，如淡岛堂（Awashimado）是祈祷女性福祉的。除此之外，映入眼帘的还有座48米高的五层宝塔，像正堂一样，被视为是日本的国宝（主建筑 ⊙ 6:30—17:00 @ asakusa-nakamise.jp/e-index.html）。

浅草神社（Asakusa Shrine）建于江户时代，如今常年开放。浅草的三社祭（Sanja Matsuri）是东京最盛大的、最有人气的民间节庆之一，每年5月中旬举办。

著名建筑设计师隈研吾（Kengo Kuma）设计了木质隔板结构的浅草文化观光中心（⊙ 9:00—20:00，观景台开放至22:00 ¥ 免费 @ www.city.taito.lg.jp），这座8层高的建筑看起来像松散地堆叠起来的箱子。观光中心配有咖啡厅、展厅、游客休息室（提供免费使用的公共电脑）、问询处及门票购买柜台，以及位于8层的 ☀ 观景台，能够看到晴空塔和仲见世通商业街，整个建筑还正对浅草寺的雷门，位置极佳。最著名的是入口处日本桥（Nihonbashi）的艺术仿制品，当然其他东京历史上著名建筑的复制品也值得一看。江户东京博物馆（Edo Tokyo Museum ⊙ 周二至周五及周日 9:30—17:30，周六 9:30—19:30 ¥ 600日元）展示了东京从幕府将军时代步入现代化大都市的历史进程。

高达634米，耸立在天空的 ★ 东京晴空塔（⊙ 8:00—22:00 ¥ 第一个观景台2 000日元，第二个观景台3 000日元 @ www.tokyo-skytree.jp/en）是东京的著名景点，在350米及450米处各设一座 ☀ 观景台。在这个总面积3.7万平方米的大型建筑物之中有310个商店和餐厅，以及一个天文馆和一个水族馆。

另外，● 周末浅草当地居民会带领游客免费参观街区【🏠 SGG（志愿者导游协会），浅草文化观光中心 ⊙ 周六、周日11:00以及13:15 ☎ 03 62 80 67 10】。

银座大街（Ginza）（折页 e4）

这条华灯齐放、五光十色的大街包括一条主街和许多条次要街道，是东京真正的中心。这里林立着外国

省钱有道

大江户温泉物语（Ooedo Onsen Monogatari）是再现东京古老的江户时代巨大浴池景象的主题公园，您只需花费1 480日元便可以在这里待上一整晚——像这样物美价廉的"住宿"选择在日本通常是没有的。🏠 御台场 ⊙ 11:00至次日9:00，7:00后停止入场 ¥ 成人2 720日元，18:00过后2 160日元，凌晨2:00过后2 160日元 ☎ 03 55 00 11 26 @ www.ooedoonsen.jp

您可以在这个网站上寻找物美价廉的酒店、餐厅，查询省钱的诀窍：@ www.tokyocheapo.com。

日本东部和中部

品牌商店和奢侈品店，店中的高档精品价格昂贵，极尽奢华。最近也有价格便宜的连锁服装百货进驻了银座。1872年火灾之后，拥有7座大型百货商场，数不清的餐厅、画廊和一级商店的精致街区成为日本第一座拥有砖石建筑结构和煤气路灯的西式街区。松阪屋（Matsuzakaya）后来成为日本历史上第一家顾客进入不需要脱鞋的百货商店。

原宿（Harajuku）★（折页 a-b4）

同名火车站周围热闹的城区是东京的时尚潮流中心，深受年轻人的喜爱。时尚的表参道（Omotesando）也经过这里，表参道有时也被称为"东京的香榭丽舍大街"，全国第一家街头咖啡馆正是在这里开张的。这里诞生了日本最著名的时装设计师，如三宅一生和川久保玲，越来越多昂贵的国际精品店和餐厅也在原宿落户。街边的商店，特别是位于竹下通街（Takeshita Dori）的商店，出售着深受Cosplay（动漫人物扮装）爱好者喜爱的Cosplay服装，当然也有日本乐坛摇滚和流行音乐的CD。周日，火车站前的广场将会变成一个变装秀的舞台。

出光美术馆（Idemitsu Museum of Art）（折页 e4）

美术馆展出了日本和中国的艺术精品（瓷器、画作、书法以及青铜器），最著名的是仙厓和尚的画作。🏠 丸之内 🕐 周二至周四10:00—17:00，周五10:00—19:00 ¥ 1 000日元 @ www.idemitsu.com/museum

皇居（Imperial Palace）（Kokyo）（折页 d3）

这座旧时的宫殿——天皇及其

书籍/电影

《艺伎回忆录》：根据美国作家阿瑟·高顿（Arthur Golden）的同名小说改编。电影故事以第一人称视角展开，时代背景从1929年开始延续到第二次世界大战结束。由章子怡饰演的女主人公艺伎小百合回忆了自己从小拼命挣扎、历尽荣辱的人生经历。

《国境以南，太阳以西》：村上春树是当今日本文坛最为成功的作家之一，他在这部小说里深刻分析了东京人的灵魂。

《樱花盛开》：导演桃丽丝·多利（Doris Dorie）在她这部2009年的电影里谈到了日本生与死的话题，在她早期的作品如《恍然大悟》或者《渔夫和他的妻子》之中就已经能够看出这位导演对日本内在精神力量的关注。

《千与千寻》：迄今为止最为成功的日本电影可能是这部动画电影（2003年），导演和漫画家宫崎骏正是凭借这部作品获得了奥斯卡金像奖。千寻的冒险将这个女孩带入了一个充满谜团的鬼神世界。这部电影开启了迪斯尼动画的一个新题材：一件绝不可能发生的事情，那就是忘了自己的名字。

日本

原宿——时尚潮流汇集地

皇室成员的居所仿佛是城中心的一座巨型绿岛。皇居每年仅对公众开放两次，一次是1月2日，另一次是12月23日——天皇诞生日。但是您可以在周边花园的开放区域散步，春天的樱花和夏天的映山红盛放时尤为美丽。花园：🕒 周二至周四、周六、周日9:00—17:00，12月25日至次年1月3日闭园 ¥ 免费 @ www.kunaicho.go.jp

明治神宫（Meiji Shrine）★（折页a4）

明治神宫是东京最华丽的神道教圣所，坐落在一片0.7平方千米的公园绿地之上。该神宫原本是为纪念明治天皇而造，日本正是在明治天皇的统治之下结束了闭关锁国政策，走向了建设现代化国家的道路。神宫在第二次世界大战时被毁，后来又被按照原型重新建造。神社前的大鸟居（类似牌坊的日本神社附属建筑）是日本最大的木质鸟居。每到除夕，成千上万的日本人会来这里参拜，他们将钱丢入功德箱，祈求幸福和吉祥。🕒 开放时间随月份改变，一般是6:00—16:00 ¥ 免费 @ www.meijijingu.or.jp/English

御台场（Odaiba）★

一个几乎是从无到有、拔地而起的城区，很快就变成了人们口耳相传的观光和购物点。御台场是在东京湾上堆积起来的人工岛屿，从1996年开始不断发展，如今成了一个超级现代化的街区，有9个购物中心以及其他的观光景点。从这里的游船码头和海滩可以欣赏到彩虹大桥（Rainbow Bridge），以及东京城市的美丽景色。在这个购物、餐饮和娱乐中心您可以一逛几小时，了解大多数日本年轻人休闲娱乐的方式。令人瞩目的是自由女神像，以及富士电视台的大楼。从JR新桥站（Shimbashi）乘坐无人驾驶的东京临海新交通临海线（Yurikamome，也称百合海鸥线）穿过彩虹大桥也是一段不错的体验。在御台场的桥边有船之科学馆、丰田汽车展览馆，以及大江户温泉物语。在大江户温泉物语这个文化体验的公园您可以享受温暖舒适的自然温泉，共有16个不同的池子可供选择。整座建筑是日本江户时代的风格，您可以尝试浴衣，费用已包含在门票之内。

日本东部和中部

上野的繁华街道生活

当地推荐 彩虹大桥（Rainbow Bridge）
（折页 e6）

对于慢跑者和散步者来说，彩虹大桥一个很好的景点。彩虹大桥全长798米，是一座连接芝浦码头（Shibaura Pier）和御台场、悬于东京湾上空60米的双层吊桥。许多人不知道的是，其下层是对行人开放的。在南面的路上，可以远眺到横滨的海港，风景极佳，在晴朗的日子里甚至可以看到90千米之外的富士山；在北面的那一侧，这座特大都市的天际线仿佛就近在咫尺。走完整段路程大约1小时，中途是不允许换到另外一边的。注意：两头的大门会准时关闭。夏天 9:00—21:00，冬天 10:00—18:00

新宿（Shinjuku）（折页 b2-3）

新宿（"新的宿处"）原本是新建在城外、有很多旅馆和色情场所的地区。直到1932年火车站建成后，这里便成为较富裕的东京人的休闲区，原新宿也被融入到了这片区域。在经济腾飞的年代，快速发展的西新宿的18栋摩天大楼成为当时经济发展的象征。相反，东新宿比较出名的则是红灯区的歌舞伎以及美食街。约有200万名乘客每天要从新宿火车站出发前往世界各地。新宿最主要的景点是243米高、48层楼的★东京都厅舍（Tokyo Metropolitan Government Building）。著名建筑设计师丹下健三设计了这座双塔楼建筑和旁边的市民广场，然而建筑却毁誉参半，有人称赞其为"新的首都"，也有人诋毁其为"纳税塔楼"，因为它总共花去了人民币80亿元。超过1.3万人在这里工作。令人赞叹的是，晴天站在45层的观景台上，幸运的话能够看到富士山。9:30—22:30，南观景台 9:30—17:00；周一、元旦关闭 免门票 @ www.tokyometro.jp/en

日本

东京火车站（Tokyo Station）（折页e3）

自2007年以来，东京火车站——所有新干线列车的始发车站已完全重建，两侧围绕着摩天大楼。其核心是1914年建成时的砖墙建筑结构，该火车站经过修缮，又重新设立了酒店、博物馆、艺术画廊和国际游客中心。

东京国立近代美术馆（Tokyo National Museum of Modern Art）（折页e1）

美术馆有优秀的木雕、绘画以及插花等日本当代收藏和交流展出的艺术作品。🏠 千代田（Chiyoda）🕐 周二至周六10:00—16:30 ¥ 420日元，特别展览900日元 @ www.momat.go.jp

筑地鱼市（Tsukiji Fish Market）★（折页e5）

东京的海鲜市场是世界上最大的海鲜市场，厨师、美食家和游客都对此地十分向往。每天这里要卖出2 400吨海鲜，占全国海产品销量的1/3。如果想体验一下这里的生活，就必须早点起床。早上4:30的时候，卖家会将他们的货送往买卖大厅；最迟到5:30就会有400多家周边的餐厅和商店开放，不仅有卖鱼类的摊位，蔬菜、水果、肉类和所有能想到的家居用品都能在这里买到。10:00左右就有零售商、家庭主妇还有游客到这里来采购。要注意的是：金枪鱼拍卖的市场在2016年11月由集市内部迁到了丰洲（Toyosu）。到本书完成时为止，还不确定集市外面的街巷和摊位是否还会保留。🏠 中央区（Chuo）🕐 周一、周二、周四至周六 3:00—13:00 @ www.tsukiji-market.or.jp

上野公园（Ueno Park）（折页e1）

上野公园是日本第一座开放式公园，您可以在这里参观寺庙、宝塔以及许多著名的博物馆。上野公园同样也是樱花季赏花饮酒的好去处，是一片宁静祥和的世外桃源。有趣的是公园南边入口的清水观音堂（Kiyomizu Kannon Temple）和附近其他博物馆的西乡隆盛武士像。清水观音堂是为保卫城区不受恶灵侵扰所建。除了公园之外，有趣的还有老街当地精萃▶阿美横町（Ameyayokocho），离上野火车站很近，这里有上百个商店和沿街叫卖的小商贩。

美食

安迪日比谷酒馆（Andy's Shinhinomoto）（折页e4）

一家有田园气息的日式居酒屋，氛围极佳，多种菜式可供选择，提供英语菜单及服务。🏠 有乐町（Yurakucho）🕐 17:00—24:00 ¥ ¥ 📞 03 32 14 80 21

Hinokizaka ☘（折页c5）

这家米其林一星餐厅位于东京丽兹卡尔顿酒店（Ritz Carlton）45层，地处六本木中心建筑群。从45楼所看到的景色如同餐厅的室内装潢一样独一无二。在周六的早午餐时间，这里提供"最棒的日本料理"套餐。🏠 赤坂（Akasaka）🕐 11:30—14:30, 17:30—21:30 ¥ ¥¥¥ 📞 03 34 23 80 00 @ www.ritzcarlton.com

波西米亚人（La Bohème）（折页b4）

连锁分店遍布东京，24小时营

日本东部和中部

业。提供物美价廉的日式风味的意大利面。🏠 神宫前（Jingumae），Jubilee Plaza Building 💰 ¥ 📞 03 54 67 56 66

纽约烧烤（New York Grill）🌿（折页 b5）

在东京凯悦酒店（Park Hyatt Hotel）52楼的纽约烧烤餐厅能看到美丽的景色。这里提供国际化的美食，午餐价格相对便宜（需预订）。🏠 西新宿（Nishi Shinjuku）🕐 每日 💰 ¥¥¥ 📞 03 53 23 34 58 @ tokyopark.hyatt.com

Shabusen（折页 e4）

这家涮涮锅餐厅提供物美价廉的午餐套餐。🏠 银座中心建筑2层，银座 🕐 每日 💰 ¥ 📞 03 35 71 17 17

Takeyabu（折页 c5）

米其林一星餐厅，选择多样，手工制作的荞麦面味道极佳。店主使用群马县（Gunma）的泉水制作全麦荞麦面食。中午套餐更实惠。🏠 Roppongi Hills Residence B，3层，六本木（Roppongi）🕐 11:30—15:30，18:00—21:30 💰 ¥¥ 📞 03 57 86 75 00

天一（Ten Ichi）（折页 e4）

高雅的天妇罗餐厅，有格调的氛围，深受外国人欢迎。推荐预订！🏠 银座 🕐 每日 💰 ¥¥¥ 📞 03 35 71 19 49

Tofuya Ukai●（折页 d5）

这里提供新鲜的豆腐和其他特色料理。这个受欢迎的餐厅坐落在东京塔脚下的梦幻花园，这个餐厅重视传统。午餐套餐价值实惠。🏠 芝公园（Shiba Koen）🕐 11:00—20:00 💰 ¥¥ 📞 03 34 36 10 28 @ www.ukai.co.jp/shiba

筑地寿司清（Tsukiji SushiSei）（折页 e5）

这家最受欢迎的寿司餐厅就在筑地鱼市，鱼贩也在这里。🏠 筑地 💰 ¥¥ 📞 03 35 41 77 20

购物

秋叶原（Akihabara）（折页 e2）

电子未来从哪里开始？秋叶原科技中心开启新的潮流趋势。这里是全球最大的电子商品供应地（电子城、Akky免税店、Laox免税店），另有诸多销售便宜商品的小商店。这里同时也是动漫、电脑游戏爱好者，以及Cosplay咖啡厅的汇集中心。🏠 外神田（Soto Kanda），千代田

台场购物中心（Divercity Tokyo Plaza）（折页 f6）

这里是拥有154家商店的大型商场，提供价格合理的流行服饰和打折商品。顶层有货币兑换场所、保龄球馆、咖啡厅和🥬蔬菜园。最吸引科幻迷的当属"东京高达前线"主题乐园，18米高的高达模型（出自动画《机动战士高达》）矗立在购物中心的广场处。🕐 10:00—21:00，餐厅11:00—23:00 📞 03 63 80 78 00 @ www.divercity-tokyo.com/en

Hikarie（折页 a3）

涩谷的新地标是坐落在涩谷站

日本

科技未来已经在秋叶原开始

旁的这个34层的Hikarie大楼，里面有音乐厅、博物馆和艺术画廊。200家商店主要针对20~40岁的女性顾客。🕐 10:00—21:00，餐厅11:00—23:00 ☎ 03 54 68 58 92 @ www.hikarie.jp/en

新宿伊势丹（Shinjuku Isetan）

伊势丹百货于1886年成立，新宿伊势丹总店于1933年开业，是日本最受欢迎的百货商场之一。从地下2层到顶层7层，汇集了世界顶级奢华品牌以及日本知名设计师品牌。地下1层和顶层7层有甜品店、咖啡馆和餐厅。🏠 3-14-1，新宿，新宿区 🕐 10:30—20:00 @ http://isetan.mistore.jp/store/shinjuku/index.html

三宅一生（Issey Miyake）（折页b4）

日本鬼马设计师创造了实用、独特且现代的褶皱设计。在别国几乎买不到的产品您大都可以在南青山（Minami Aoyama）旗舰店买到。🕐 11:00—20:00 @ www.isseymiyake.com

实地锦囊 ▶ 御木本（Mikimoto）（折页e4）

著名的日本珍珠养殖者Mikimoto开设的旗舰店。在这里您能买到各种颜色、大小、价位的珍珠产品。🕐 11:00—19:00 @ www.mikimoto.com

银座三越（Mitsukoshi Ginza）（折页e4）

这是银座大街上的地标性建筑，是受欢迎的聚会场所和拥有 实地锦囊 大规模食品部门 的著名百货大楼。🏠 银座 🕐 10:30—20:00 @ www.mitsukoshi.co.jp/store

实地锦囊 ▶ Omohara（折页b4）

这是位于潮流胜地原宿的时尚主

日本东部和中部

题公园，拥有27家店铺，这里出售的商品是时尚和高科技的结合（虚拟化妆室、交互环境概览）。从入口搭乘扶梯前往☕咖啡厅，在这里可以俯瞰神宫前熙熙攘攘的十字路口。🏠 神宫前 🕐 11:00—21:00，餐厅8:30—23:00 📞 03 34 97 04 18 @ omohara.tokyu-plaza.com

原宿东方市场（Oriental Bazaar）（折页 b4）

游客可以在这里买到与日本有关的书籍、和服、古典亚洲家具、珍珠以及各种纪念品。🏠 神宫前 @ www.orientalbazaar.co.jp

东京中城（Tokyo Midtown）（折页 c5）

六本木地区的时尚建筑群，包括酒吧、精品店、设计中心、咖啡馆、博物馆、展览馆、露台酒吧和公园。🏠 浅草 @ www.tokyo-midtown.com/en

优衣库（Uniqlo）（折页 e4）

这家日本服装公司的旗舰店位于银座12层，商品时尚且价格适中。🕐 11:00—21:00

休闲/运动

插花

在插花艺术方面，经过多年的训练，日本人的技艺达到了一个颇高的水准。初学者可以参加插花入门课程，必须预订。🏠 草月流花道学校（Sogetsu Ikebana School），青山（Aoyama）@ www.sogetsu.or.jp/en

茶道

茶道是日本非常有格调的艺术。即使之前您对它并没有什么了解，您也能在花园饭店Happoen（🕐 11:00—16:00 ¥ 花园参观门票2 000日元起 📞 03 34 43 31 11 @ www.happo-en.com/english/garden）半小时的茶道课程里感受茶道所带来的特殊享受。

夜生活

如果您想融入东京的夜生活，您最好前往东京的国际娱乐区域——六本木。那里除了有许多外国餐馆外，还有许多迪斯科舞厅、酒吧，同时有现场音乐表演。俱乐部和迪斯科舞厅汇聚在广场大楼里，其中包括受欢

卡拉OK

在卡拉OK里，日本人抛去了日常的压力和禁锢。即便人们歌唱会跑调、忘词、跟不上节奏，每个人也都是闪亮的明星。如果想达到好的音效，最好去多层回声的大房间里歌唱。

在东京银座隔音房间每人每小时需缴纳700日元，在这里举办小型聚会需要5 200日元，20人聚会需花费9 600日元。花费价格为1 200日元的无限量供应套餐您可尽享"欢乐时光"（到18:00），午夜至次日5:00可花费2 800日元包通宵。🏠 有乐町 🕐 每天 📞 03 52 51 55 00

日本

迎的鸟园爵士俱乐部（Birdland Jazz Club）。Kakuwa（🏠 六本木 🕐 周二至周日17:30至次日4:00 ¥ 20日元 📞 03 54 14 88 18 @ www.kaguwa.com）是一个有杂耍表演的餐厅，必须预约！六本木的夜景变换极快，实时信息可以参照 @ www. metropopolisco.jp。

漫步在东京歌舞伎町一番街（Kabukicho）红灯区色彩斑斓的小巷里是一种独特的体验，但要谨防上当受骗。

歌舞伎座（Kabukiza）● （折页 e4）

在日本，歌舞伎剧场有着悠久的传统：演员用华丽的服饰和妆容完成一幕幕只有男性演员参演的英雄剧、传统剧和舞蹈剧。日本最著名的歌舞伎剧院于2013年在旧址经翻修重新开放，新建筑外形颇具特色。🏠 中央区 📞 03 35 41 31 31 @ www.shochiku.com

西城 锦囊 ▶ 宝冢歌剧（Takarazuka Revue）（折页 d4）

只有女演员参演的漫画、童话和音乐剧在这个巨大的剧院（共2 069个座位）上演，许多日本女性观众会为观看首映排起长队买票。1914年剧院的创立者想创立一个男性角色也由女性扮演的精英剧团。这些女演员在特殊且严格的训练后毕业，成为出色的明星，她们在富有戏剧性且内容丰富的戏剧表演（在有26个台阶的舞台上）中有着出色的表现。🏠 有乐町 📞 03 52 51 20 01 @ www.kageki.hankyu.co.jp/english

住宿

康莱德酒店（Conrad Hotel）☼ （折页 e5）

备受赞誉的康莱德酒店拥有两间米其林餐厅，您可以一边享受美食，一边欣赏东京湾的美景。共290间客房。🏠 Higashi Shimbashi ¥ ¥¥¥ 📞 03 63 88 80 00 @ www.conradhotels.com

胜太郎日式旅馆（Katsurato Ryokan）（折页 e1）

东京上野公园附近的传统日式旅馆提供7间客房（3间不带浴缸）。🏠 台东区（Taito）¥ ¥ 📞 03 38 21 47 89 @ www.katsutaro.com

东京站酒店

日本东部和中部

攀登富士山是一项受大众喜爱的运动

京王广场洲际酒店（Keio Plaza Intercontinental）（折页b2）

47层高的酒店享有美景视野和1 448间价格相对合理的豪华客房。🏠 西新宿 💴 ¥¥ 📞 03 33 44 01 11 @ www.keioplaza.co.jp

东京皇居酒店（Palace Hotel）（折页e3）

自重新开业以来，这个皇居附近的传统酒店凭借健身中心、泳池（位于第5层）以及10家餐厅发挥了其现代化豪华酒店的优势。酒店占据极佳的地理位置，且拥有极佳的风景。共290间客房。🏠 千代田 💴 ¥¥¥ 📞 03 32 11 52 11 @ www.palacehotel.co.jp

东京站酒店（Tokyo Station Hotel）（折页e3）

这个坐落在东京火车站建筑群的传奇酒店在重新开业后房间数是过去的3倍。能够看到皇居的客房尤其受欢迎。中庭9米高，早餐厅很棒。共150间客房。🏠 千代田 💴 ¥¥¥ 📞 03 52 20 11 12 @ www.thetokyostationhotel.jp

东京代代木青年旅社（Tokyo Yoyogi Youth Hostel）（折页a4）

这是一家于1964年建在奥运村的价格便宜的旅社。有60间客房（均为单人间）。🏠 代代木神园（Yoyogi Kamizono）💴 ¥ 📞 03 34 67 91 63 @ www.jyh.or.jp

方丹日本桥箱崎别墅酒店（Villa Fontaine Hakozaki）（折页e3）

该酒店深受商务人士和游客的欢迎。酒店有卓越的性价比和良好的市中心地理位置，靠近城市航空总站和地铁。共163间客房。🏠 日本桥 💴 ¥ 📞 03 36 67 33 30 @ www.hvf.jp

日本

问询中心

东京信息中心（Tokyo Tourist Information Center）（折页 e4）

🏠 Shin Tokyo Building，1F，丸之内 📞 03 32 01 33 31 @ www.jnto.go.jp

旅游信息（Tourist Information）

🏠 成田机场1号航站楼 📞 04 76 30 33 83 🏠 2号航站楼 📞 04 76 30 33 83 @ www.narita-airport.jp

周边景点

富士山（Fuji San）（折页 G8）

距离东京90千米处的这座海拔3 776米高的火山被尊称为"神圣之山"。它给人的感觉和日本这个国家给人的感觉一样：匀称、纯净、神秘。每个日本人都想在有生之年征服富士山之巅。富士山北部山脚的富士五湖宛若一面美丽的镜子，倒映出富士山的雄伟壮丽。您能够以便宜的价格入住河口湖青年旅社【Kawaguchiko，有11间客房（通铺）🏠 河口湖（Kawaguchiko）¥¥ 📞 05 55 72 06 30】，从火车站出发步行大约8分钟。有关"富士山攀登之旅"的行程规划请参见本书P.120—P.121。

伊豆半岛（Izu Peninsula）（折页 G8）

去往东京西南约100千米处的半岛的路，是自东京驾车去泡温泉、冲浪、潜水和放松的路。所到之地，海滩往往风景如画。尤其受人们欢迎的是温泉，最著名的海滨度假胜地是下田市（Shimoda），那里拥有最大的海滨浴场。在南岬的☀悬崖上能够欣赏太平洋的美景。在人口较少的西海岸堂岛（Dogashima）上的● ☀Sawada Koen Rotemburo温泉（🕐 9月至次年7月 周三至次周一 7:00—19:00，8月 6:00—20:00 ¥ 500日元 📞 05 58 52 00 57）旁有极佳的观景点，您可以在悬崖上眺望美景，放松身心。

横滨（Yokohama）（折页 G7）

从东京来到日本第二大城市横滨。沿海的地理位置和外国游客的优

日式旅馆

日本人认为，入住宁静且有格调的旅馆会使自己的感官沦陷，所以人们必须要适应这种除了浴室什么都不齐全的旅馆。这里没有真正意义上的床，只有铺着一层垫子的榻榻米；这里没有餐厅，因为已为每间房间准备了丰盛的晚餐和早餐（费用包含在房价中）；没有房间钥匙，没有房间号，只有一扇标注着日文的推拉门；没有大厅，没有健身中心，没有商务中心。旅客就如同置身日式传统的家庭中。日式旅馆在过去本就是豪华旅馆，是日本贵族步行旅游要入住的地方。您可在东京和京都寻觅到最好的日式旅馆，例如伊豆国家公园（Izu National Park）里的Asaba日式旅社【🏠 伊豆修善寺（Shuzenji）📞 05 58 72 70 00】。

日本东部和中部

位于日光的二荒山神社

势赋予了横滨(人口370万)这个世界级港口城市以开放性。其最大的景点是海港长廊,海港附近是有上百家优质餐厅的唐人街、异国情调的商店,以及新建区港未来21的路标塔大楼(Landmark Tower)。时速45千米的升降梯将把您带到68层和70层的餐厅或69层的观景平台【东京帝都酒店(Royal Park Hotel) ⓒ 9月至次年6月 10:00—21:00,7—8月 10:00—22:00 ¥ 1 000日元 ☏ 04 52 21 11 11】。从更高的楼层上您能看到更壮观的景色。

由一个富有的丝绸商在1906年所建的 当地 锦囊 ▶ Sankei In花园【ⓒ 9:00—16:00,年末闭园 ¥ 内外花园门票各300日元 🚌 从樱町站(Sakuracho)到本牧站(Honmoku)】有宁静、优雅和观赏性强的特点。池塘和繁茂的植被中间有16座建筑瑰宝,其中有一座有500年历史的三层宝塔。

日本西部

日本西部主要包括大阪、京都、神户以及其他关西地区。该地区的文化景观代表了关西地区天皇和幕府将军在历史上的对抗。

这里的人们被认为是善于经商且追求享乐的。794至1886年间的日本首都京都和奈良传承了日本经典的古代文化，大阪和神户则展现了现代城市的活力。

姬路

(Himeji)（折页 E8）姬路（人口53.6万）的主要吸引力从它的铁路线路就能看出。

作为国家文化珍宝和世界遗产的姬路城被日本人称为"白苍鹭城堡"（Shirasagi Jo）。姬路城适合从京都、大阪或神户出发参观，当日去当日回。

景点

姬路城（Himeji Jo）★

姬路城被认为是日本最壮观的城堡，同时也是日本标志性的建筑之一。作为国家文化珍宝的姬路城还曾

上图：京都金阁寺

京都和奈良的历史光辉以及大阪、神户工业区的城市风貌在这里交融。

是不同武士题材电影的经典取景地。乘坐着新干线就能看到山丘上城堡的雪白外墙。14世纪落成的该建筑因朴素之美被人们称为"白苍鹭城堡",后不断被诸多诸侯贵族扩建,现在看到的外形是在1609年建成的。当时城堡的建成是一件轰动的事,不但因为它别具特色,还因其46米高的防御装置具有极高的防御价值。

在姬路城内能看到,它和日本的许多城堡一样,楼层之间没有可以让人藏身的隔层。自2015年一番耗资巨大的修缮后,这一占地面积巨大的防御建筑焕发了新的光彩。姬路城拥有扣人心弦的历史传说,主要讲述有权势的封建领主、骄傲的日本武士、幸运的公主和城堡幽灵的故事。传说姬路城的侍女阿菊(Oki-ku)被诬陷摔坏了10个价值连城的瓷盘,被溺死于城堡的井中。从此

日本

日本最美的城堡建筑：姬路城

以后，每逢暴雨交加的夜晚，从井的深处就会传来她数盘子的声音。参观的最佳时间是每年4月，届时有上千株樱花树开花。🕐 9:00—17:00 ¥ 1 000日元 @ www.city.himeji.lg.jp/guide/castle

兵库县立历史博物馆（Hyogo History Museum）

博物馆展示世界各地的城堡建筑。参观日的10:30、13:30和15:30，人们能 当地精萃▶ **身着武士服或和服拍照**。🕐 周二至周日10:00—17:00，节后一天休息 ¥ 200日元 🚉 姬路城向北5分钟路程

好古园（Kokoen）

好古园是一座具有传统江户风格的庭园。过去有许多武士住在这里。游客可从☕茶亭处一览美景（¥ 一杯茶500日元）。🏠 护城河西 🕐 9:00—17:00

姬路文学馆（Literature Museum Himeji）

仅仅与当地作家有过短暂交流，日本现代建筑大师安藤忠雄（Tadao Ando）就产生了姬路文学馆的设计灵感。🏠 山野井町（Yamanoicho）🕐 周二至周日10:00—17:00 ¥ 300日元

美食

下面列出了新干线附近的西餐和日餐餐厅。

Fukutei

日式餐厅Fukutei位于从车站到姬路城的路上，提供价格合理的冷怀石料理。餐厅用传统日本乐曲做背景音乐，菜单配有插图，非常受本地人喜爱。🕐 11:30—14:00、17:00—20:00 ¥ ¥ 📞 07 92 22 81 50

日本西部

住宿

日航酒店（Nikko Hotel）

临近新干线车站,步行20分钟可达姬路城。酒店拥有3家餐厅,还有健身中心和室内泳池。共247间客房。¥ ¥¥ 📞 07 92 22 22 31 @ www.jalhotels.com/domestic/kansai/himeji

姬路国际之翼酒店（Hotel Wing International Himeji）

仅仅距姬路城400米,距新干线车站700米,网络连接畅通,可以免费借自行车。自动洗衣机、饮料贩卖机、餐厅应有尽有。共111间客房。🏠 Wata ¥ 📞 07 92 87 21 11 @ himeji.hotelwingjapan.com

问询中心

问询中心位于新干线车站。🏠 一层电梯的右边 📞 07 82 87 00 03 @ www.himeji-kanko.jp/en

周边景点

书写山园教寺（Shoshazan Engyo-ji）（折页E8）

寺庙坐落于书写山（Shoshazan）,位于车站东北方向8千米处,是历史上著名的朝圣之地。8座建筑和7尊佛祖塑像是重要的文化遗产。搭乘索道上山（¥ 单程票500日元,往返票价900日元）更容易。🕘 9:00—17:00 ¥ 入寺票价300日元

必游景点

★ 姬路城
从远处就能看到姬路城这座日本最大的贵族城堡,其常作为电影背景出现。→ P.70

★ 广岛和平纪念公园
这个令人印象深刻的纪念公园正位于当年广岛受灾的中心区域。→ P.74

★ 宫岛
宫岛神社有"浮动之门"——大鸟居,邻近广岛。→ P.76

★ 伏见稻荷大社
上万个鸟居一路延伸到京都的神社。→ P.81

★ 金阁寺
京都最著名的寺庙之一,又名"鹿苑寺"。→ P.83

★ 清水寺
人、建筑和自然和谐地融为一体。→ P.83

★ 二条城
幕府将军在京都的居所,十分精致。→ P.85

★ 桂离宫
位于京都的皇家别墅是日本最美的建筑之一,拥有令人惊叹的花园和茶楼。→ P.92

★ 东大寺
奈良东大寺的日本最大的青铜佛像期待您的到来。→ P.95

★ 道顿堀
对去大阪旅游的人来说,繁华热闹的道顿堀商业街是必游之地。→ P.99

日本

广岛

（Hiroshima）（折页D8）每年的8月6日早上8点15分，当钟声慢慢消逝，广岛市市长会将一份羊皮纸文件深埋于地下。

这份文件记录了过去一年因受1945年美国原子弹爆炸的核辐射而死去的人，每年几乎5 000人。广岛（"宽阔的岛屿"）现如今是"恐怖"的代名词，人们陷入对生命的担忧之中。但是这座城市不会永远沉浸于无尽的悲伤中。

在充满活力的市中心看到繁华的购物街和餐厅时，人们很少能联想到它过去不幸的命运。现如今这里居住着2 000万人口，这个数字是战争前的2倍之多。当年遭受不幸的8万人总会一遍遍地回忆起那天清晨，回忆起原子弹爆炸带来的"刺眼的光"。

景点

原子弹爆炸圆顶屋（Atom Bomb Dome）

在激烈的讨论后，古老的公会和商会建筑架构被选入《世界遗产名录》。第一颗因战争而发射的原子弹正是于1945年8月6日在这里爆炸的，遗迹留存至今。每年的8月6日傍晚，当地居民都会把载着点燃的蜡烛的小纸船投入河中。这些小船漂浮在水面上，让人回忆起当年的无辜受难者。🏠 中区

广岛和平纪念博物馆（Peace Museum）

为了不激怒远道而来的美国游客，日本人为博物馆取名为"和平纪念博物馆"。在这里能看到美国投放原子弹的那段历史，以及原子弹爆炸所带来的后果。值得一读的是博物馆内的游客留言簿。一位美国游客留言时写道："不会再有广岛了，但也不再有珍珠港了！"🏠 中区 🕐 5—11月 8:30—18:00，12月至次年4月 8:30—17:00 ¥ 50日元

广岛和平纪念公园（Peace Park）★●

过去这里是银行中心，在1945年这里不幸成为原子弹爆炸中心。最重要的纪念地点是衣冠冢。曾经这里的繁华因核武器的投放而消失了。纪念碑上为祭奠20万遇难者的灵魂这样写道："和平永存，绝不重蹈覆辙。"🏠 中区

省钱有道

大城市的旅游信息咨询处会为游客提供指导。本地人也能带您游览城市，并在寻找住宿方面为您提供帮助，而仅需您为他们提供车费、参观门票和共享午餐。游客至少应提前一周规划行程。日本国家旅游局（JNTO）：🏠 千代田 📞 03 32 01 33 31 @ www.jnto.go.jp

凭借大阪一日游卡（Osaka Unlimited Pass ¥ 2 000日元/1天，2 700日元/2天）您能免费参观24个景点以及免费搭乘市内近距离交通工具，其中包括了海港环游线。可在大阪市难波（Namba）信息中心【🏠 御堂筋大商厦（Midosuji Grand Building）1层，中央区 📞 06 62 11 35 51】拿到该卡。

日本西部

儿童纪念碑（Children Monument）

佐佐木祯子（Sadako Sasaki，1943—1955）的铜像纪念着她与命运抗争的一生。作为战争受害者，她因核辐射患了白血病，生前她想亲手折1 000只代表长寿和幸运的千纸鹤，当完成第663只时，她去世了。来自各地的人们聚集起来为她建起了一座铜像，将1 000只千纸鹤装饰在她的墓前。自此，广岛的小学也开始举行一项活动——每年都会组织小学生用成千上万只纸鹤装点和平公园以纪念这位"生命斗士"。🏠 中区

美食

广岛食物的特色是基本以海鲜为食材，主要是牡蛎。同大阪烧一样出名的美食是广岛烧——一种海鲜蔬菜煎饼。

广岛牡蛎船餐厅（Kanawa）

这是一家以传统牡蛎船为外形打造的美食餐厅，提供各式牡蛎料理：煎、烤、煮。🏠 中区 🕐 每日 ¥ ¥¥ 📞 08 22 41 74 16 @ www.kanawa.co.jp

御好烧餐厅（Okonomimura）

Parco购物中心后面的新天地（Shintenchi）广场大厦里，25个小餐馆组合在了一起。特色美食是广岛烧。🏠 中区 🕐 每天 ¥ ¥ 📞 08 22 41 22 10

住宿

广岛全日空皇冠假日酒店（Ana Crowne Plaza Hiroshima）

这个广岛最著名的酒店坐落在靠近和平纪念公园的Heiwa O Dori。共409间客房。🏠 中区 ¥ ¥¥ 📞 08 22 41 11 11 @ www.anacrowneplaza-hiroshima.jp

广岛格兰比亚酒店（Hotel Granvia Hiroshima）

这是一座现代化的商业酒店，临近车站，交通便利。共410间客房。🏠 南区（Minami）¥ ¥¥ 📞 08 22 62 11 11 @ www.hgh.co.jp

原子弹爆炸圆顶屋：破碎的钢筋和混凝土是对世人的警示

日本

广岛丽嘉皇家酒店（Rihga Royal Hotel Hiroshima）

酒店35层的高楼是城市最高的标志性建筑之一。共491间客房。🏠 中区 ¥ ¥¥ 📞 08 25 02 11 21 @ www.rihga.com/hiroshima

问询中心

广岛旅游信息中心（Hitoshima Tourist Information Center）

🏠 JR广岛火车站 📞 08 22 61 18 77 @ www.hiroshima-navi.or.jp

周边景点

宫岛（Miyajima）★（折页C8）

距广岛27千米的神圣宫岛，同松岛和天桥立（Amanohashidate）并称为"日本三景"。宫岛因其矗立在水中的红色鸟居而闻名于世。红色的大门可谓入镜最多的日本标志性建筑了。人们信奉严岛神社（🕐 6:30到日落 ¥ 500日元，包含宝物馆）所在的宫岛，认为整个岛屿就是神明本身，严岛是神明的居所，红色鸟居则是通往神明居所的大门。约于600年建成的神社同码头的栈桥一样建在水中。在拱桥的左手边在可以找到宝物馆（🕐 8:00—17:00 ¥ 300日元），里面展出了东洋刀、舞乐面具和服饰。1568年在水中建成的最古老的红色鸟居是明信片中的标志性建筑。宫岛的其他景点和特色餐厅值得您从广岛出发花半天时间来参观。🚋 从市中心出发有直达的有轨电车（70分钟到达Hiroden Miyashima车站）

神岛宫岛的樱花盛开：日本最美的风景之一

日本西部

神户

（Kobe）（折页E8）1995年1月17日，神户经历了一场伤亡惨重的毁灭性地震。

地震导致6 430人死亡，30万人震后无家可归。这次地震是日本自1923年东京地震后最严重的一次自然灾害，造成了无法估量的损失。而如今，居住人口已达到150万的神户是一个全面重建的、以贸易为导向的世界性港口城市。尽管它有重要的经济地位，这座大阪湾的港口城市的规模却不大。以火车站为中心，大多数的景点和餐厅都能够步行到达。最重要的车站是新神户站（Shin Kobe）和市中心的三宫站（Sannomiya），这两地之间的路程您徒步只需20分钟，且往返两地还可搭乘地铁（¥ 200日元），用时2分钟。

景点

唐人街（Chinatown）

神户的唐人街亦称"南京街"，是当地中国人的聚居区域。每到夜晚，中国餐厅外面缤纷的装潢与交相辉映的中国红灯笼让这片区域极富魅力。这里吸引的不仅仅是生活在神户的4万华人，还有当地的日本人。从轻轨车站元町（Motomachi）下车向南走5分钟即可到达。

北野（Kitato）

明治初期，神户逐渐发展成为重要的港口城市，吸引了许多外国人到此居住。富有的商人和各国外交使节促成了"异人馆"（Ijinkan，即外国人的府邸、公馆，"异人"意为外国人）的建立。当时的日本人很重视西方人的生活方式，喜爱漫步于异人馆街区狭小的街道中。超过20座华丽的府邸多采用维多利亚式建筑风格，现对公众开放，有些可免费参观。在北野能找到很多酒吧、小酒馆以及青年旅社。

六甲山缆车（Rokko Seilbahan）

缆车从邻近新神户车站的OPA百货出发抵达400米高的六甲山山脊，日落时分您能在那里欣赏到美妙的城市暮色和内海海湾。冬季9:00—17:30，春季和秋季9:30—20:00，夏季9:30—21:00 ¥ 单程550日元，往返1 000日元

美食

神户最有名的无外乎它口感细腻、价格不菲的牛肉，除此之外还为您推荐了品尝印度和阿拉伯美食的好去处。

当地锦囊 顽固寿司（Ganko Sushi）

著名的顽固寿司神户分店以美味而价廉的寿司和其他日本特色美食招待您，您能享受美好的环境，餐厅同时还提供英文菜单。值得推荐的是午间套餐（17:00前提供）。11:30—23:00 ¥ ¥¥ 07 83 61 21 34

当地锦囊 神户牛肉烧（Kobe Plaisir）

主火车站附近是品尝相对物美价廉的著名神户牛肉的极佳地点。午餐超实惠。在柜台您可以旁观厨师烹饪。11:30—15:00，17:00—22:30 ¥ ¥¥ 07 85 71 01 41 @ www.kobe-plaisir.jp

日本

神户莫利亚牛排店（Moriya Honten）

市中心的一家传统餐厅，提供相对便宜且具特色的神户牛肉（铁板烧）。🏠 中央区 🕐 不固定 ¥ ¥¥ 📞 07 83 91 43 06 @ www.mouriya.co.jp/en

住宿

神户美利坚公园东方大酒店（Kobe Meriken Park Oriental Hotel）

一家临近港口的大型现代化的酒店，配备室内泳池、5个餐厅，有极佳的观景视野。您还能在此搭乘前往三宫站的摆渡车。共319间客房。🏠 中央区 ¥ ¥¥ 📞 07 83 25 81 11 @ www.kobe-orientalhotel.co.jp/english

东横神户三宫二号酒店（Toyoko Inn Kobe Sannomiya No.2）

最受欢迎的B&B（含住宿和早餐）住宿酒店，占据市区优越的地理位置。提供免费上网、自动洗衣机、饮料贩卖机、微波炉等服务设施。共334间客房。🏠 中央区 ¥ ¥ 📞 07 82 32 10 45 @ www.toyoko-inn.com

问询中心

🏠 三宫站 📞 07 83 22 01 20 @ feel-kobe.jp/en

京都

（Kyoto）（折页E8）"想从清水寺鸟瞰京城的暮景，想看看日落时的西山天色"——日本著名作家川端康成在他的小说《古都》中抒发他对有着1 000多年历史的京都风貌的向往之情。

川端康成对这座美丽且古老的天皇王城中的清水寺美景有着深切的情感，他的自杀可以被看作是为了让京都最美好的风貌永存记忆中。拥有150万人口的京都在过去经历了巨大的繁荣期。每年3 000万的游客虽然为京都带来了财富，却同时导致了街道拥堵、停车场拥挤、噪声和大量垃圾的产生。

您能从下面的介绍中体会京都之美。这座古老的皇室大都市拥有17个联合国教科文组织认定的世界遗产，其中包括13座佛教寺庙、3座神社、1座幕府城堡，这些景点全部对公众开放。二条城（Nijo Castle）像古老的皇宫一样耀眼，金阁寺（The Golden Pavilion）和银阁寺（The Silver Pavilion）宛如世外桃源散发宁静的魅力。加茂河（Kamo River）把城市东西分开，五条大街（Gojo Avenue）则区分了南北城。城市周边大多数寺庙和花园都可通过步行到达。东南部的景点包括：三十三堂（Sanjusangendo）、清水寺（Kiyomizudera）、祇园（Gion）、圆山公园（Maruyama Park）、知恩院（Chionin）、平安神宫（Heian Shrine）、南禅寺【Nanzenji，穿过哲学之道（Tetsugaku no Michi）能到达银阁寺】。西北部的景点包括龙安寺（Ryoanji）和仁和寺（Ninnaji）。将近2小时的英语讲解 当地锦囊▶祇园向导（🕐 3—11月 每周一、三、五 18:40—19:40，12月至次年2月 每周一、三、五17:00—18:40 ¥ 每人1 000日元 @ www.waradio.com/walking/gion.html）让您对早期的艺伎区更加了解。

日本西部

从这里出发

古老的皇城大都市是一个棋盘型布局的城市,十分便于定位。南部的主火车站是参观游览的理想出发地。东部的东山(Higashiyama)很有看点。北部有假山花园、金阁寺和银阁寺。西部寺院景色在岚山(Arashiyama)上蔓延开来。京都像花一样被嵌入其中。

🕘 9:00至次日6:00 💰 200日元,参观温室需额外加200日元

知恩院(Chionin)

在这个日本最开阔的寺庙中,并非所有建筑都是古老的,其中大多数建筑是17世纪建成的,它整体的规模巨大。高达24米的大门名为三门(Sanmon),是日本最高的寺庙大门。寺庙的东南方向悬挂着一个于

佛教寺庙醍醐寺坐落在美丽花园中

景点

府立植物园(Botanical Garden)

这是加茂河边的一抹绿洲。12 000种不同种类的植物生长在24万平方米的土地上。在樱花盛开之际参观这座1924年落成的植物园将会是一段特殊的经历。许多京都人都会在那时前来野餐。🏠 左京区(Sakyo)

1633年被灌铸而成的日本最大的梵钟,重达74吨,需要17个和尚合力才能撞响它。

17世纪建成的主殿由金坛和教派创始人洪恩(Honen)的形象为装饰。大堂通过著名的"莺鸣廊下"回廊与礼堂(Dai Hojo)相连,踩在木质地板上的每一步所发出的吱吱声会让人感到不知所措,但其实这是为

日本

了防范不受欢迎的窃听者。🏠 东山 ⏰ 3—9月 9:00—16:00，10月至次年2月 9:00—15:30 ¥ 免费，参观Hojo和Yuzen花园需缴纳费用500日元

醍醐寺（Daigoji）

京都东南部伏见区（Fushimi）醍醐山的醍醐寺建于874年，经历过多次摧毁和重建。951年落成的五重塔以及三宝院（Sanboin）中令人印象深刻的壁画可谓当世之宝，前者更是日本最古老的建筑之一。寺内的亮点还有华丽的三宝院庭园，1598年为了迎赏樱大会，被当时的太政大臣丰臣秀吉下令扩建，其建筑风格也被视作桃山时期的典范。寺院分为两部分：上醍醐和下醍醐，上下醍醐中间由一段相对陡峭的山路相连。许多香客选择徒步走上去，路程要花费将近1个小时，途中能经过许多神社。🏠 伏见区 ⏰ 9:00—16:00 ¥ 大厅和博物馆门票费用各600日元 @ www.daigoji.or.jp

大文字山（Daimonjiyama）

人们可从城市东边几乎任何一个地方看到大文字山斜坡上的"大"字。每年8月16日，依日本重要节日之一的盂兰盆节的风俗，为了指引家中逝者的灵魂会燃起火苗。山顶美丽的风景会作为不畏惧5千米上山路程（山路位于银阁寺后方）的人努力攀爬的回报。

大约1万个红色鸟居通往伏见稻荷大社

日本西部

大德寺（Daitokuji）

位于京都西北部的大德寺属于禅宗中临济宗的重要中心。访客可进入24个寺庙，其中包括备受崇敬的主庙大德寺。在这里保管着"茶圣"千利休（Senon Rikyu）的画像，其被许多日本人当作圣人遗像来崇敬。据说这位大师在1591年被丰臣秀吉逼迫自杀，他被视作是无辜的象征。

最著名的寺庙当属大仙院（Daisenin ⏰ 9:00—16:30 ¥ 400日元），它以禅花园而出名。在大仙院里，思想和自然完美地融合。秋季时不要错过小花园（Kotoin ⏰ 9:00—16:00，有时会无规律地关门）的风景，每到秋季，枫叶便会飘落在古老的青苔地上。如果您上午来，▶光线非常有利于拍出美丽的照片。

伏见稻荷大社（Fushimi Inari Taisha）★

位于南部的伏见稻荷大社因其由红色鸟居组成的门廊而闻名。对于来访者而言，参观体验不仅是视觉上的，还有精神上和身体上的。大约1万个红色鸟居环绕着约4千米长且部分陡峭的小路通往稻荷山山顶。在一个小转弯后，这些错落有致的鸟居构成了极具美感的小径。在上山之路上，您能看到这个巨大神社的5个寺庙和许多狐狸石像——狐狸被视为神明稻荷的使者。数百万日本人在新年假期赶来这里朝拜，祈求健康和财富，并捐出自己的善款。伏见稻荷大社拥有继东京明治神宫后排名第二高的募捐量。于8世纪建成的伏见稻荷大社是最古老、最有名且拜访人数最多的日本神社之一，同时也是约3万多个稻荷社的主社。

🏠 伏见区 ⏰ 夏季7:00—9:00，日出到日落 ¥ 免费

银阁寺（Ginkakuji）

15世纪末，银阁寺由幕府将军下令建成，目的是作为秘密庇护所。银阁寺，顾名思义本应涂有银箔。尽管没有真的这样做，但它仍是设计最美的花园和寺庙，展现了京都鼎盛时期的魅力。🏠 左京区 ⏰ 12月至次年3月中旬 8:30—17:00，其他时间 9:00—16:30 ¥ 500日元

祇园（Gion）

在艺伎区的街道上，时间仿佛是静止的。大约在10:00到11:00，人们能在这里看到艺伎或舞伎，她们在街道上来回走动，十分惹眼。在一个凉爽的夏日傍晚，三弦琴的声音和愉快的歌声会穿过古老茶楼（没有预订不得进入）的珠帘，在街道回响。🏠 加茂河东岸四条通的北边和南边

京都御所（Gosho）

京都御所也许不是最美的景点，却是十分特别的，即便是对日本人而言，进去参观也绝非易事。御所建筑高102米，1331年成为天皇宫殿，曾经历过多次火灾，后于1855年被全面重建。在天皇1869年迁都至东京后，京都御所便失去了昔日光辉。再没有其他地方像京都御所一样直至今日还如此重视礼仪了。天皇从南门进出，皇后和其母则从东门进出。在接待外宾方面，礼节会根据不同场合和情况来确定。日本首相通常和天皇一同进出御所。接待女性使节时，车辆通常是从西边的访客门进出。

50分钟的导览包含了18个建筑

日本

物的介绍：紫宸殿（Shishinden）、小御所（Ko Gosho）、主宫（Tsune Gosho）和御池庭（Oikeniwa Garden）等。这些建筑大多禁止入内。天皇登基在紫宸殿内举行：凤凰华盖下方是天皇宝座，宝座前方两个底座上摆放着帝国徽章。小御所包括3个小会客室，从那里能望到自然风景优美的公园。御所的参观需要提前申请，详情请于宫内厅（Imperial Household Agency 穿过西北门后右转 07 52 11 12 15）询问，需要护照，外国人通常很快能预约上，需要在网上申请（@ sankan.kunaicho.go.jp/order）。御所北边的花园一直开放，里面生长着历史悠久的樱花树。🏠 上京区（Kamigyo）🕐 12月28日至次年1月4日关闭；英文导游：周一至周五10:00和14:00，周六10:00 ¥ 免费

平安神宫（Heian Shrine）

这一效仿日本平安时代皇宫的橘红色建筑于1885年京都建立1 100周年庆之际落成。穿过红色应天门您就能到达大极殿（Daigokuden）和东、西主殿以及寺庙。大极殿的后面是一座巨大的池塘花园，这座花园不同于常青的禅系花园，这里多生长着季节性盛开的花木。第一眼望去看到的便是一个呈现出中国特色的木桥，它同一座亭子相连。在平安时代，亭子被看作是极佳的赏鱼平台。神宫代表了鼎盛时期日本贵族的花园生活。🏠 左京区 🕐 6:00—17:30（季节性6:00—17:00），花园：8:30—17:00（季节性8:30—16:30）¥ 免费，花园600日元

本愿寺（Honganji）🟢

东本愿寺（Higashi Honganji）：虽然这座位于主火车站往北500米处的巨大建筑在经历过1895年一场大火后的重建并不顺利，但它仍有许多亮点。由于缺少绳子，佛教净土真宗（纯净土地的真正教理）派的女性信徒将象征美丽的长发捐出，将其编制为绳子，以作搬运之用。🏠 下京区（Shimogyo）🕐 6:00—17:00（夏季和节日有时会延长开放时间）¥ 免费 @ www.higashihonganji.or.jp

西本愿寺（Nishi Honganji）：对于京都人而言，距离东本愿寺400米的西本愿寺似乎更重要，人们在称呼它时常去掉名称里的"西"字。它是净土真宗本愿寺派的大本山，该派系拥有1 200万信徒和1 000多座宗教寺庙。在建筑艺术方面，这个1591年

日本西部

由丰臣秀吉建造的建筑也颇具特色。建筑群中的5个建筑当属安土桃山时代最美的建筑物。华丽的主堂再次开放了,旁边书院里陈列的虚构画作、木制品和金属装饰值得参观。所有的推拉门设计都是出自日本狩野派大师之手。房间则根据画作主题来命名。"仙鹤房间"是商议国事的地方。这里至今还保留着伏见的国家馆,以前的统治者在这里沐浴、喝茶、休息。
🕐 6:20—16:30,季节性延长时间
¥ 免费 @ www.hongwanji.or.jp/english

金阁寺(Kinkakuji)★

　　金阁寺是京都被拍摄最多的景点。其核心建筑舍利殿的外壁被贴满了金箔。该寺建于14世纪,当时主要是作为幕府将军足利义满颐养天年之地,足利义满在37岁时将将军之位传给自己的儿子,以金阁寺的前身北山第作为府邸。天气晴朗时,花园中的湖面上会映出建筑的倒影,展现出蓝色、金色和绿色的完美融合。下雪时,秋天变红的树叶越发鲜艳,观赏效果更佳。🏠 北区(Kita)
🕐 9:00—17:00 ¥ 400日元

清水寺(Kiyomizudera)★●

　　一大早,同过去1 000多年的每个清晨一样,古老的京都开始嘀嗒作响。学堂的读书声打破了这座有798年历史的寺庙的宁静,礼拜场所内露台的木地板吱吱作响,寺内散发着香气,僧人们默默祷告。枫树在11月

枫叶变红的时候,就是参观清水寺的最佳时节

日本

腌菜：西木市场的蔬菜

下旬变红，那时人与建筑、自然和谐搭配，构成了京都最美的景观。清水寺的名字意指大殿下方的井。如果您正在找寻治愈之法，请您用托盘接水并把水浇在双手上。由上百根柱子搭建的木质露台是日本的标志性建筑之一。"从清水寺露台跳下"在日语中用来比喻难以想象的东西。

早到的人能通过所谓的茶壶道去朝圣——这是条通向寺庙的小巷，这座寺庙拥有京都最好的陶瓷。在分叉的鹅卵石路上的 当地推荐 **三年坂民宿**（Sannenzaka）和 **二年坂民宿**（Ninenzaka）饮一杯绿茶，领略古代日本的风貌。 东山区（Higashiyama） 6:00—18:00 300日元 @ www.kiyomizudera.or.jp

当地推荐 **京都国际漫画博物馆**（Kyoto International Manga Museum）

这个日本第一座研究漫画文化的博物馆于2006年11月开放。这里共有将近30万件展品，其中包括明治初期的第一版日本漫画和外国的作品。游客可以看到约4万册来自不同时期的漫画作品。 乌丸通（Karasuma Dori），中京区（Nakagyo） 周四至次周二 11:00—18:00 800日元 @ www.kyotomm.com

京都火车站（Kyoto Railway Station）

京都中心前卫的火车站是大型的交通枢纽，但其建筑设计却饱受争议。它是一个集百货商场、酒店、餐厅、办事处于一身的综合建筑群，如此庞然大物立在几乎没有高层建筑的京都引发了公众非常大的争议。许多京都当地人认为这一建筑与京都的风格格格不入。由钢铁和玻璃构成的未来主义风格建筑中心是一个60米高，500米长的中庭。在14楼有一个观景台，2楼有京都综合旅游信息中心（ 8:30—19:00）。

京都塔（Kyoto Tower）

火车站对面是极具标志性的京都塔，其造型同蜡烛相似。在那里能一览城市全景。131米高的塔还能为游人指引方向。 9:00—21:00 770日元

圆山公园（Maruyama Park）

这里虽然不完全是一个平静的绿洲，却是喧嚣城市中的避难所。山上是一排排古老的樱花树。池塘边的市政厅除传统美食外，还提供了浪漫的摄影场地。公园东南部的八坂神社

（Yasaka Shrine）每逢元旦或除夕会成为参拜的热门目的地。在通往清水寺的美丽步行道上，京都的运动员和学生为游客提供人力车和解说（🏠 东山区 ¥ 30分钟每人5 000日元，2人8 000日元；1小时每人9 000日元，2人15 000日元）。🏠 四条通附近 ¥ 免费

南禅寺（Nanzenji）

13世纪末，这座天皇卸任后的居所成为京都最美的禅寺之一，今天它成为颇具影响力的日本临济宗南禅寺派的本山。在庙堂里您可以品尝到顶级茶叶，观看经典画作《虎渡子庭》。特别值得推荐的是==天授庵==（Tenjuan），它的花园非常漂亮。¥ 免费，主建筑和旁边的寺庙300~500日元 @ nanzenji.com

京都国立博物馆（National Museum Kyoto）

这个著名的博物馆收藏着日本乃至亚洲艺术史上最古老和最重要的文物。这些珍品在这座超现代建筑中以令人印象深刻的方式被展示出来。🏠 东山区 🕐 周二至周日9:30—18:00 ¥ 520日元 @ www.kyohaku.go.jp/eng

京都国立近代美术馆（National Museum of Mordern Art）

该美术馆以收藏当代日本陶瓷和绘画作品而闻名，美术馆从约6 600件收藏品中选取部分作品，适时轮换展出。🏠 左京区 🕐 周二至周日 9:30—17:00 ¥ 900日元，包括特别展览 @ www.momak.go.jp

二条城（Nijo Castle）★

从权力的思维角度来看，幕府将军的驻地离宫殿并不远。17世纪初，为了向实际统治帝国的天皇发出信号，德川家康下令修建了二条城。然而，这位统帅对他自身的安全明显很没有信心，于是就在他的住宅里精心装备了安全装置。最著名的当属"鹂鸣地板"：没有人可以在木地板不发出噪声的情况下踏入房间。在私密的房间内，侍卫暗中埋伏着等待入侵者。

只有臣服于贵族的亲信才可以通过巨大的唐门（Karamon）进入二之丸御殿（Ninomaru）。二之丸御殿房间里的屏风绘和庭园会引起人们的关注，其出自著名景观设计师和茶艺大师小堀政一（Kobori Enshu）之手。🏠 中京区 🕐 8:45—17:00，16:00后不得入场；12月4日至次年1月4日关闭 ¥ 600日元

仁和寺（Ninnaji）

千万不要被那些守在大门口的木头人偶吓到，游客可以畅通无阻地通过大门。实际上，于888年建成的这座建筑本是一座宫殿，只是偶尔由一位皇太子居住着。它几经烧毁，因而导致建筑越来越小，但如今仍是佛教真言宗御室派（Omura）的总本山。该建筑始建于17世纪。建于1630年的五层塔被视为日本佛教建筑的杰作。🏠 右京区（Ukyo）🕐 9:00—16:30 ¥ 500日元，参观其他建筑需额外支付费用

锦市场（Nishiki Market）●

锦市场位于市中心，这个有400年历史的市场对人们而言是一种习俗和吸引力。超过130个摊位和商店出售当地的特色菜。在这里可以品尝京

日本

都料理中的创意美食。大厅有屋顶，里面多样的选择以及卖家的友好热情都会给人留下深刻的印象。🕘 9:00—17:00左右

龙安寺（Ryoanji）

京都每个孩子都知道北边临济宗的禅宗花园，因为学校郊游一般都要参观那里。如果您想在略微倾斜的地形中深入那些看似随意散落的15块岩石中的神秘世界，一定要在龙安寺开门的时候早早守候在那里。这座花园早在1450年就建成了，但是谁也不知道建造者是谁、他想表达什么。每个游客都想要解密这座花园艺术品中的秘密。🏠 右京区 🕘 3—11月 8:00—17:00，12月至次年2月 8:30—16:30 ¥ 500日元 @ www.ryoanji.jp

三十三间堂（Sanjusangendo）

三十三间堂的名字意味着"33根柱子搭起来的房间"，由平清盛奉后白河天皇（Goshirakawa）之命于1164年建造而成，1266年经历火灾后，忠于原样再造了这座寺庙。该建筑相当长，内部包含了1 001座千手观音坐像。占重要地位的是位于中央的千手观音坐像，两侧各簇拥着500座佛像。事实上人们只能数到40只观音手臂，但根据佛教典籍，观音的每一只手臂都可拯救25个世界，1 000只手臂因此得来。

每年1月15日，这里都会举行远靶连射大会（Toshiya Fest）这个弓箭手的传统比赛。弓箭手们从西边的画廊射出箭穿过大厅。这个想法来自江户时代：为了衡量弓箭手的效率和防守能力，需要在24小时内向大厅的另一端射出尽可能多的箭。这个比赛的最高纪录在1686年，有8 000支箭射中了北墙。🏠 主火车站向东步行15分钟 🕘 4月1日—11月15日 8:00—17:00，11月16日至次年3月 9:00—16:00 ¥ 600日元

哲学之道（Tetsugaku no Michi）

这条位于北边银阁寺与南边南禅寺之间、禁止车辆通行的步行路径被称为"哲学之道"，是京都第一赏樱地。附近住着许多著名演员和科学家。

东寺（Toji）

寺庙建筑群（794年）起初是为保卫城市而建。然而城市扩张速度如此之快，以至于该建筑并未发挥它任何的军事作用。因此，天皇把它交付于创立佛教真言宗这一宗派的空海和尚。大部分保留下来的建筑可以追溯至17世纪。在艺术方面具有重要意义的是近代阅览厅里的21个寓意深奥的画像，在正殿里的本尊药师如来佛像和侍立两侧的日光、月光两菩萨佛像。

历经几个世纪，重建5次的五层宝塔并不起眼。这座建于1643年的建筑高57米，不仅是京都最高的塔，也是日本最大的宝塔。🏠 从主火车站往南步行约15分钟 🕘 8:30—16:30 ¥ 500日元

美食

著名的京料理（Kyoryori）是怀石料理的一种，是一种冷餐。一份简单套餐需花费6 000日元，一份完整套餐在1.5～5万日元间。

日本西部

阿吉罗（Ajiro）

这家著名的纯素禅食餐厅提供一流的豆腐特色菜，地点位于妙心寺（Myoshin Temple）的南出口。🏠 右京区 🕐 周五至次周二11:00—21:00 ¥ ¥¥ 📞 07 54 63 02 21

C. Coque

这家颇受欢迎的网吧咖啡厅预订后可免费进入。🏠 寺町（Teramachi）街角和丸太町（Marutamachi），近皇居 🕐 周五至次周三11:00—20:00 ¥ ¥ 📞 07 52 12 08 82 @ www.cafe-ccoquet.com

本家尾张屋（Honke Owariya）

世世代代的京都人在这里细细地品味美食。这家古老的面馆是一家有540年历史的餐厅，特色美食为荞麦面汤。内有详细的英文菜单。🏠 中京区 🕐 11:00—19:00 ¥ ¥ 📞 07 52 31 34 46 @ www.honke-owariya.co.jp/english

吉兆（Kitcho）

这家餐厅位于岚山山丘上，在日本算得上是最贵但也最棒的餐厅。🕐 周四至次周二（只接受预订）¥ ¥¥¥ 📞 07 58 81 11 01 @ www.kitcho.com/kyoto/shoplist_en/arashiyama

万龟楼（Mankamero）

在这个美丽的建筑里有一座临近皇居的宏伟花园。在今天，您可以以实惠的价格享受最好的贵族菜肴。必须预订。🏠 上京区 🕐 周二至周日17:00-23:00 ¥ ¥¥¥ 📞 07 54 41 50 20

京都以美食而闻名

奥丹（Okutan）

京都以豆腐闻名，奥丹是品尝这道美食料理最好的餐厅之一。这里还有豆腐宴。🏠 东山区 🕐 周五至次周三11:00—16:00 ¥ ¥¥ 📞 07 57 71 87 09

Tadgs

在这个酒吧里，您可以尽情享受欢乐时光。🏠 木屋町（Kiyamachi）🕐 11:30—23:30 ¥ ¥ 📞 07 52 13 02 14 @ www.tadgs.com

购物

您不会在日本其他任何地方找到比这里更齐全的工艺品（艺伎娃娃、漆器、丝绸、木板雕刻）。京都云荟馆（Kyoto Craft Center 🏠 左京区 🕐 10:00—19:00 📞 07 57 61 70 00）

日本

和京都手工业中心【Kyoto Handicraft Center 🏠 平安神社（Heian Jinja）北面的熊野神社东（Kumano Jinja Higashi）🕐 10:00—19:00】提供种类多样的商品。

每月21号著名的跳蚤市场都会在东寺举行。如果您正在寻找和服腰带或茶壶，您可以在这里以便宜的价格买到它们。在这里多多少少能遇到真正的古董。这里有一条名为新门前通

其中高岛屋是最受欢迎的百货公司之一。各种时尚店铺、珠宝饰品店、美术店餐厅等云集，夏天还会在顶楼举行空中啤酒节。🏠 下京区 🕐 10:00—20:00 @ www.takashimaya.co.jp/kyoto

工艺品

天皇和贵族们喜欢针织和丝织物，如今来自世界各地的高级精品店

在祇园角表演的艺伎

（Shinmonzen Dori）的古董商店街，出售价格较高的小家具、陶瓷、画卷和木板雕刻，位于圆山公园（Maruyama Park）的西北方向。

京都高岛屋

连接大阪车站，京都中心的河原町（Kawahara Cho）是最繁华的商业区，大型百货公司都集中在这里。

都会购买京都高级工坊细尾株式会社（Hosoo）生产的锦缎来装饰他们的奢侈品店。这间工艺作坊以及其他传统工艺车间出产竹制、金属、丝织、锡制和木制工艺品，正是这些工艺品让游客拥有了地道的旅行体验。京都凯悦酒店为此提供私人司机和英语翻译等服务。这段旅途是独一无二的，但5万日元的花费也是非常昂贵了。

日本西部

📞 07 55 41 12 34 @ www.kyoto.regency.hyatt.com

休闲/运动

日式烹饪

平山惠美（Emi Hirayama）在她的厨房里向您展示如何像京都的家庭主妇那样去烹饪——从典型的健康素食到过去皇室的著名甜点。您顺便也能学到关于京都的很多知识。¥最低4 500日元 🕒 持续时长约3小时 @ www.kyotouzuki.com（预订）

娱乐

在春天樱花盛开和秋天树叶变红的时节，很多寺庙的寺内花园都会在晚间面向大众开放，花园会被无数的灯光点亮。夜景虽然看起来很美丽，但却被环保人士批评消耗大量能源。灯还会烧毁一些树叶，尤其是一些老树会遭殃。通过游客信息中心预约。

祇园角（Gion Corner）

艺伎和艺术：在这里您能看到茶道、花道、宫廷音乐和舞蹈表演。表演颇具观赏性。🏠 东山区 🕒 19:40—20:40，8月16日和11月、12月没有演出 ¥ 门票3 150日元，可在许多酒店购买 📞 07 55 61 11 19 @ www.kyoto-gioncorner.com

祇园甲部歌舞练场（Gion Kobu Kaburenjo）●

舞子（学徒期的艺伎）4月会在这里表演传统的樱花舞。这个表演有文化亮点。🏠 Yaei Kaikan，东山区 📞 07 55 61 11 15

当地锦囊▶ 京都南座（Minamiza）

它是日本最古老的歌舞伎剧院之一。在这里可以通过耳机欣赏被同步译成英文的歌剧。亮点是12月1日至26日的颜见世（Kaomise）表演。日本古典戏剧的魅力全部凝聚在了这个舞台上。必须提前预订！入场费根据时间和表演内容而定。🏠 四条通，东山区 📞 07 55 61 11 55

先斗町（Ponto）

这个现代化的生活区过去是京都处决罪犯的地方。加茂河的岸边有各式各样的餐厅，提供或传统或现代的西式创新菜品。夏天的夜晚不容错过的体验是在建于河上的 当地锦囊▶ 露台酒吧里小酌一杯。🚆 阪急（Hankyu）快车到河原町（Kawaramachi）

住宿

生态与科技京都酒店（Eco+Tec Kyoto）

酒店所处地理位置优越且住宿价格便宜，是一个适合逗留多天的理想酒店。酒店没有餐厅，也不提供早餐，但提供许多免费商品。酒店有咖啡、茶、水，提供互联网、微波炉，可用电脑上网。有两个按摩椅，可免费使用洗衣机和烘干机各两次（洗衣粉50日元）。有毛巾、床单，提供清洁服务、自行车出租服务。有22间客房。🏠 东山区 ¥ ¥ 📞 07 55 33 10 01 @ www.ecoandtec.jp/en

京都凯悦酒店（Hyatt Regency Kyoto）

这是以日式旅馆风格重新装修的酒店。从这里出发经过短暂步行即可

日本

到达三十三堂和清水寺。有出色的日本料理和西餐。有189间客房。🏠 东山区 💰 ¥¥ 📞 07 55 41 12 34 @ www.kyoto.regency.hyatt.com

詹姆青年旅社（Jam Hostel）

这间旅社位于城市中心加茂河边、祇园区的绝佳地理位置。价格便宜，提供5间客房共20个床位，其中包括2个独立的房间。有清酒酒吧和咖啡馆。💰 ¥ 📞 07 52 01 33 74 @ www.jamhostel.com

京都布莱顿酒店（Kyoto Brighton Hotel）

这个位于皇居西侧安静街区的酒店拥有美丽的中庭和一家法国餐厅。有183间客房。🏠 Kamiyagi 💰 ¥¥¥ 📞 07 54 41 44 11 @ www.brightonhotels.co.jp/kyoto

四条河原町超级酒店（Super Hotel Kyoto Shijyo Karawamachi）

这家酒店物有所值，小房间、迷你浴室非常好用。提供美味早餐，大厅有无线网，温泉免费。有177间客房。🏠 中京区 💰 ¥ 📞 07 52 55 90 00 @ www.super hoteljapan.com/en

京都威斯汀酒店（Westin Miyako）

该酒店经营得欣欣向荣，有全新的管理体系。占据南禅寺附近山丘的绝佳地理位置。共528间客房。🏠 东山区 💰 ¥¥ 📞 07 57 71 71 11 @ www.starwoodhotels.com/westin/property

京都千八代旅馆（Yachiyo Ryokan）

这是家位于京都东北部南禅寺的雅致旅馆。环境、设计、花园、食物都是优质的。员工很出色，里面的浴室共用。价格高，但不像城市里的豪华酒店那样贵。免费上网。有17间客房。🏠 东山区 💰 ¥¥¥ 📞 07 57 71 41 48 @ www.ryokan-yachiyo.com

当地明星 ▶ 吉川料理旅馆（Yoshikawa Inn）●

位于城市中部的世外桃源：这是一家有梦幻般小型建筑样式的传统日式旅社，有花园和著名的天妇罗餐厅。食品和服务都非常棒。有8间客房（套房）。🏠 中京区 💰 ¥¥¥ 📞 07 52 21 68 05 @ www. kyoto-yoshikawa.co.jp

问询中心

旅游信息中心

🏠 主火车站 📞 07 53 43 05 48 @ www.pref.kyoto.jp/visitkyoto/en

周边景点

岚山（Arashiyama）（折页E8）

京都西郊的渡月桥（Togetsukyo）是受欢迎的赏樱胜地。这里美丽而浪漫，夏天傍晚漫步时看鸬鹚捕鱼，秋天岸边闪烁着红色和橘色的枫叶。周末这里到处都是游客。

距离保津河（Hozu）北岸仅数百米的是天龙寺（Tenryuji）。一位僧侣曾在梦中看到一条龙从河中跃起，这个梦境被人们解析为"天皇将怒"。出于担忧，当地人于1339年修建了这座天龙寺。这片有150个辅殿的巨大场地上有两个亮点：14世纪落成的曹源池庭园（Sogenchi Teien）和京都最华丽最美丽的茶庄大河

日本西部

内山庄庭园（Garden Okochi Sanso）。背景山丘是建筑师仿照一座很受日本贵族崇敬的中国山脉重塑而成的。

古代日本的贵族诗人知道哪里能激发最多的灵感。平安时代的著名诗人藤原定家（Fujiwara no Teika，1162—1241）生前就曾定居在小仓山（Ogura）上寺庙的后面，直到今天您依然能从这里看到京都壮丽的城市全景。步行10分钟穿过浓密且神秘的竹林也是一种奇妙的体验。 4—10月 8:30—17:00，11月至次年3月 8:30—17:00 900日元，含一杯绿茶和一份甜点 乘京福岚山（Keifuku Arashiyama）轻轨到阪急岚山（Hankyo Arashiyama），从京都站乘火车到JR嵯峨（Saga），步行15分钟到达岚山

平等院寺庙（Byodoin）（折页E8）

人们最好鸟瞰这座寺庙。1052年，当它从藤原氏族的府邸转变成为佛教场所时，建筑师想纪念古代日本崇拜的中国神话里守护佛祖的凤凰，于是他们建了屋顶上有两只青铜鸟的凤凰厅。一眼望去，有3个走廊的中央大厅象征着翅膀和尾巴，整体上特别像是一只着陆在海上的凤凰。 8:30—17:30 门票600日元，凤凰厅300日元 JR奈良火车到达宇治（Uji），大约40分钟

延历寺（Enryakuji）（折页E8）

这是大津市（Otsu，距京都15千米）附近比叡山（Hieizan）上著名的寺院，有着悠久的历史，与许多名人息息相关。寺庙始建于788年，与宫廷紧密相关的佛教法师在登上权力的

步行穿过岚山奇妙的竹林

顶峰后修建了3 000座庙宇，供养自己的僧兵部队，干预政治斗争。因为颇具影响力的宗教团体同自己的敌人沆瀣一气，1571年织田信长下令杀死全部僧侣并烧毁了大部分建筑。今天只能看到3座宝塔和大约120座寺庙。整体建筑被分为3个不同的建筑群：东塔（Todo）、西塔（Saito）和横川（Yokawa）。景点集中在东塔，该区域大部分建筑都拥有主堂和阿弥陀堂。有一条通往西塔的道路。横川距此4千米。 3—11月 8:30—16:30，12月 9:00—16:00，1—2月 9:00—16:30 700日元（包括3个区域），珍宝厅500日元

日本

桂离宫（Katsura Rikyu）★（折页E8）

这座皇室夏宫是日本众多美丽的建筑之一。建于1624年的城堡、精致的园林建筑、四处分散的茶馆都是日本经典建筑文化中最精致的部分。据说园林建筑师小堀（Kobori）只在三个条件都满足的情况下才接受建造委托：第一，没有成本限制；第二，没有完成日期限制；第三，在建造工程中建造委托人不会前来参观。

整体建筑从正面欣赏最佳。由河卵石和苔藓铺成的小型花园围绕在池塘周围。1658年建的御幸门（Miyuki Gate）现在是游客参观的入口。花园内的3座建筑物相互交错而建——古书院（Furushoin）拥有一个漂亮的赏月露台，中书院（Nakashoin）包含珍贵的画作，而新御殿（Shingoten）是专供皇帝参观的。只有在确认预订后才能参观（只能在日本预订，大酒店可在一天内完成预订）。🕐 周一至周五 @ sankan.kunaicho.go.jp 🚇 乘阪急电铁前往桂离宫

北山（Kitayama Mountains）（折页E8）

北山是京都人非常喜欢的休闲区。过去被驱逐出皇居的人会逃到这里，而今天人们主要是在夏季来这里度假，因为这里比京都城市里凉爽。这里因美丽的远足小路、古老的寺庙、温泉浴场而闻名。贵船（Kibune）的平台上对外开放的Yuka餐厅为游客提供茶点。在田园诗般的大原地区（Ohara，从京都出发乘坐巴士约1小时）延伸出一条3.5千米长的漫步小路，这条小路的两端分别是寂光寺（Jakkoin）和著名的三千院（Sanzenin）🕐 8:30—16:30 ¥ 门票700日元），沿途会经过很多小寺庙、商店和餐厅。这座建于804年的佛教寺院三千院远离游客聚集区，有如画的秀丽风景，尤其早上和下雪时分，气势恢宏；但落叶的秋季可能会非常拥挤。一条非常引人注目的步行线路是从京都西北部的大原（乘巴士约1小时）出发穿过森林和3个寺庙。金阁寺（Jingoji）🕐 9:00—16:00 ¥ 门票500日元）拥有一条通往正门和金色亭的长阶梯，它被认为是日本最美的寺庙。

当地推荐 西芳寺（Saihoji）、地藏院（Jizoin）（折页E8）

于731年建成的西芳寺（亦称苔寺）是古代日本园林艺术的撼世之作。如今这个建筑群由1339年的禅宗石制花园和一个更古老的园林景观组成，后者用湖水构成了"心"字的形状。据说这里生长着数百种不同的青苔（专家只能证明其中的30～40种）。为了保持建筑的美丽和理想的观赏效果，这里每天只允许200人前来参观。您可在酒店前台办理提前预订，推荐京都酒店（Kyoto Hotel 📞 07 52 11 51 11）。您可以按意愿为寺院捐赠善款。坐禅和其他宗教流程在90分钟的参观后进行。🏠 西京区

奈良

（Nara）（折页 E8）人们能在哪里邂逅神的使者呢？大约1 200只温驯的小鹿漫步在奈良（人口37万）的城市公园。

在佛教传入前，动物被看作是"神的使者"，即使人的生命受到威

日本西部

胁也不能猎杀它们；而今天它们被视为"活着的国宝"。

如果不是因为僧侣，那么这座城市凭借其极佳的气候会一直作为天皇府第的所在地。在僧人道镜（Dokyo）引诱了女皇、差点夺取了皇位后，宫廷决定剥夺神职人员日益增长的影响力，并在距离京都50千米处建立了一座新的天皇府第。那时，中国文化对日本产生了深刻的影响，佛教成为日本国教并影响日本的社会和艺术生活——在今天的建筑和肖像中仍能看出其影响留下的痕迹。

奈良公园（Nara Koen）位于古老的皇室府第东部，公园内有许多被联合国教科文组织认定为世界遗产的寺院和神社，从奈良主火车站步行即可到达。JR车站位于市中心西部，从那里步行可到达许多景点。您也可以租一辆自行车去探索这座城市。

景点

平城宫（Heijo Imperial Palace）

呈方形结构的平城宫在710—784年间是平城京（Heijokyo）的中心。大都市迁移后这个占地1.2平方千米的大面积寺庙建筑群走向衰败。1955年，日本有关部门开始了考古发掘和第一次修复。在奈良建城1300周年之际，大型宴会厅和东宫花园完成重建，并开设了历史博物馆。平城宫遗址：🕐 周二至周日 9:00—16:00 ¥ 免费；平城京历史博物馆：🕐 周二至周日 9:00—16:00 ¥ 外国人免费参观（需出示护照），其他人500日元

依水园（Isui Garden）

这座明治时代（1868—1912）建成的带鲤鱼池塘的花园也许是奈良最美的花园，它是寺庙游结束后的休息

春日大社也被称为"万灯笼神宫"

日本

地。花450日元您就能在享用茶的同时欣赏美景。🏠 美马（Mima）🕐 周三至次周一 9:30—16:30 ¥ 900日元

东大寺的大佛举起的右手代表着和平

春日大社（Kasuga Taisha）

这个18世纪为供奉藤原家族的守护神而建造的神社，亮点是它的灯笼路。这条路上有3 000盏石制和青铜制灯。每年在灯笼节（2月1日至4日）和中元节（8月14日至15日）这些灯会被点燃。每个节日的最后一天，在苹果园里都会进行传统舞蹈表演。宝物殿（Homotsuden）中对古典剧场表演起到重要作用的皇权标识和道具都是很值得参观的。神庙区：🏠 奈良公园东南方向 🕐 6:30—17:30 ¥ 外部地区参观免费，内部地区500日元；宝物殿：🕐 9:00—16:00 ¥ 门票400日元，花园500日元

兴福寺（Kofuku Temple）

这座供奉藤原家族的寺庙于719年建成，在鼎盛时期寺庙由150个建筑组成。同许多木质建筑一样，这里的建筑也难以经受大火和战争的考验，但今天这里仍然矗立着奈良的标志性建筑——五层宝塔。寺庙内有国家珍宝馆（Kokuhoran），展出了来自全国各地的艺术品。东厅（Tokondo）建于15世纪，里面收藏了7世纪的著名菩萨雕像。直到2018年，寺庙还在进行重建。寺庙区一直开放。🏠 登大路（Noborioji）¥ 免费，珍宝馆门票600日元 🕐 9:00—17:00

奈良公园（Nara Koen）

这座市中心的大型公园内藏着许多寺庙和博物馆，几乎包含了古都皇城的所有景点。还有1 200只神鹿在此安家，它们非常信任人类。花500日元您能买到用来喂鹿的饼干。

奈良国立博物馆（National Museum）

博物馆建于1895年，扩建于1972年，收藏了6世纪至8世纪的宝物。从10月20日到11月第1个星期，正仓院（Shosoin）的皇室珍宝将开放展览。🏠 奈良公园 🕐 周二至周日 9:30—

17:00 ¥ 门票520日元，特殊展830日元

东大寺（Todaiji）★

这座巨大的寺庙建筑于745年由圣武天皇修建，是日本华严宗的总本山，也是奈良的主要景点。经过由16根柱子支撑起的12世纪南大门能抵达主寺庙，同时还要经过两个看上去很愤怒的提婆（梵语Deva的音译，又称圣天），他们是佛陀的卫士。这些13世纪的木制雕刻由来自镰仓的雕刻家Unkai和Kaikai雕刻而成，后经修复，是日本质量顶尖的雕刻艺术品之一。

值得一看的是大佛殿。虽然它在几次重建过程中规模已缩减到原来的2/3，但该殿凭借长57米、宽50.5米、高48.7米的木质结构仍成为世界之最。殿内大佛站在莲花形青铜底座上。大佛右手预示和平，左手满足人们的愿望。为浇筑这尊16米高的大佛消耗了437吨铜、130千克黄金和7吨蜡。现在我们看到的佛像只是749年浇筑成的原始佛像大小的2/3。历史学家解释了为此耗费巨大资源的原因：圣武天皇想用这个巨大的佛像祛除天花这种传染病，这种疾病在当时不仅使不计其数的人丧生，也同时削弱了天皇的权力。

即使佛像的大小和重量使其美观受到影响，它也足以给人留下深刻的印象。关于它有许多不实传言，如据说人们可撑着伞爬过佛像的鼻孔（其头部就有5米之长）。还有一个有趣的故事：在佛像背后有一根巨大木柱，下面有一个方形洞孔，人们称之为"佛的鼻孔"。据说它的大小和佛的鼻孔一样大，谁能顺利钻过去，谁就能无病无灾。小孩子们能轻易地做到这点，从中找到乐趣。🏠 奈良公园 🕐 11月至次年2月 8:00—16:30，3月 8:00—17:00，10月 7:30—17:00 ¥ 500日元

正仓院（Shosoin）：大佛以北有一小段路通往古代帝王的宝库。在木质建筑中，木料自身的延展和收缩通过空气湿度进行调节。珍宝自1963年就收藏在奈良国立博物馆了。这个建筑不对外开放，只能从外部参观。

戒坛院（Kaidanin）：大佛以西方向的大厅里伫立着著名的四大天王泥像。过去这里是举行僧侣受职仪式的场所。🕐 同东大寺一致 ¥ 400日元

二月堂（Nigatsudo）：从大佛厅向东走几步就到了二月堂大厅，每年3月1日至14日二月堂会举行取水法式，它对寺庙僧侣而言是特别的仪式，其正式名称为十一面悔过海，即在十一面观音前忏悔日常所犯的过错。从这里您可在黄昏时欣赏风景如画的城市全景。🕐 同东大寺一致 ¥ 免费

三月堂（Sangatsudo）：这个建筑群里最古老的建筑拥有奈良时期的精美收藏。🕐 同东大寺一致 ¥ 500日元

美食

日和（Hiyori）

这是一家传统且极受欢迎的素食餐厅，豆腐、海参和藻类是主要的特色菜。也提供其他地区的美食。🕐 周三至次周一 中午和晚上 ¥ ¥¥ 📞 07 42 24 14 70 @ www.narakko.com/hiyori

日本

画廊精选 ▶铁板烧（Steak Ciel Bleu）

铁板烧是特色，在客人面前摆放的炉子上烤配制好的里脊牛排、龙虾和贝类海鲜。🕐 每天中午和晚上 ¥ ¥¥¥ ☎ 0 80 97 58 26 58 @ steak-cielbleu.com

吉川亭（Yoshikawa Tei）

这家法国风格小酒馆里三道菜组成的午餐套餐价格优惠。🏠 San Fukumura大厦一层 🕐 周二至周日 ¥ ¥¥ ☎ 07 42 23 76 75

住宿

奈良藤田酒店（Hotel Fujita Nara）

非常好的中档酒店，从这里能很快到达许多景点。有117间客房。🏠 下三条町（Shimosanjocho）¥ ¥ ☎ 07 42 23 81 11 @ www.fujita-nara.com

奈良酒店（Nara Hotel）

日本为数不多可以称得上是豪华的酒店之一。高高的天花板虽然有点过时，但是展现了欧洲传统风格。日式早餐非常美味。有132间客房。🏠 高畠（Takabatake）¥ ¥¥ ☎ 07 42 26 33 00 @ www. narahotel.co.jp

奈良华盛顿酒店广场（Washington Hotel Plaza Nara）

这家建筑坚固的商务酒店地理位置极佳。餐厅提供优质且价格合理的日本料理。有204间客房。🏠 下三条町 ¥ ¥ ☎ 07 42 27 04 10 @ washington. jp/nara/en

问询中心

奈良城市旅游中心

这里提供很棒的城市地图"漫步奈良"（Strolling Around Nara），能帮您安排导游，但需游客自行支付导游费用。🕐 9:00—21:00 ☎ 07 42 27 22 23

周边景点

法隆寺（Horyuji）（折页E8）

摄政王圣德（Shotoku）曾在此居住，他是佛教的拥护者。据传说他在出生后不久就能站立冥想了，珍宝馆里的一个雕像反映了这点。这个有45座建筑物的建筑群（其中17座被看作是极具价值的文化宝藏）保存了世界上现存最古老的木制建筑，是东亚最美的寺庙建筑群，分西寺（Saiin）和东寺（Toin）。在建筑群的西边，建于607年的五重塔和金堂（Kondo）与后面的大讲堂（Daikodo）形成了不对称的格局。宝塔底层的4个壁龛展现了佛教的场景：东面是维摩居士和文殊菩萨对答，北面是释迦牟尼入灭，西面是分割释迦牟尼佛舍利，南面是未来佛祖的天堂。正殿的释迦牟尼像是日本最大的佛教珍宝之一。寺内光线不好，画廊精选▶手电筒能帮您看清楚。通过东门可以进入梦殿（Yumedono），这是日本最古老的八角木制建筑。据说这里是圣德隐居冥想的场所。内部有一座丢失很久的救世观音（Kuse Kannon）佛像，这座佛像高1.8米，被鉴赏家称为日本最美的雕像。1993年该寺庙建筑被联合国教科文组织列为世界遗产，这是日本的第一个世界遗产。🕐 8:00—16:00 ¥ 1 500日元

日本西部

JR火车站法隆寺前（Horyujimae）站 @ www.horyuji.or.jp

唐招提寺（Toshodaiji）（折页E8）

759年，仁德（Shomu）天皇从中国请来了在建筑方面颇有造诣的僧人鉴真（Ganji），在西京（Nishinokyo，距奈良15分钟巴士车程）建造了这座寺庙，今天这座寺庙是日本佛教律宗的总本山。所有摆放的雕像都来自中国。值得一看的首先是主堂（Kondo）中3个梦幻般的佛像。鉴真大师的漆器人物只有在他生日那天才会展出。鉴真尝试了6次才到达这里，暴风雨、沉船和地方官僚的阻挠导致他前5次东渡日本的计划都失败了。当他最终开始建造寺庙的时候他失明了。主堂经过10年的重修后对外开放参观。 8:30—16:30 ¥600日元 乘52、63、70、97、98路巴士从JR或近铁奈良站出发到达药师寺东口（Yakushijihigashiguchi）

冈山

（Okayama）（折页D8）本州西南部的冈山有71.5万人口。

冈山是一个工业城市，主要产品是橡胶。但这里也有一些值得一游的景点，如壮观的濑户大桥，这座桥有9 000米长，直通到四国岛。当然还有号称日本三大最美花园之一的后乐园。

景点

后乐园（Korakuen）

这个于1700年建成的日本第一座花园拥有大片绿地，绿地上种植着竹子、松树和樱桃树。 4—9月 7:30—

传奇法隆寺：传说创始人圣德在还是个婴儿时就开始冥想了

18:00，10月至次年3月 9:00—17:00 ￥门票400日元，登山560日元 🏠 中区 @ www.okayama-korakuen.jp

冈山城（Okayama Castle）

最初在16世纪建成的这座城堡是日本最大的防御建筑之一，又被称为"乌鸦堡"。您可以从黑色的城堡里眺望后乐园。这座城堡在第二次世界大战中被毁，并于1966年重建。🏠 中区 🕘 9:00—17:00 ￥门票300日元

住宿

贝尼斯之家酒店（Benesse Hotel）

这座酒店的建筑艺术风格代表了直岛（Naoshima）上房屋的设计理念。您只需从冈山县出发乘车到达宇野（Uno），从那里乘渡轮1小时即可到达直岛。这家具有当地艺术风格的酒店由建筑师安藤忠雄（Tado Ando）设计建造。酒店附近的地中美术馆（Chi Chu Art Museum）也是出自安藤忠雄的设计。有16间客房。🏠 直岛，香川郡（Kagawangun）￥ ¥¥¥ 📞 08 78 92 20 30 @ www.benesse-artsite.jp/en

从这里出发

新大阪（Shin Osaka）新干线火车站位于北部地区的商业和行政中心北城（Kita）和梅田（Umeda）区，是去大阪旅游的理想出发点。从这里出发可以到达以夜生活、年轻人文化潮流闻名的心斋桥（Shinsaibashi）和难波城区。

问询中心

冈山县观光处

🏠 JR冈山站 📞 08 62 22 29 12

大阪

（Osaka）（折页 E8）**大阪是永恒的第二。在经济上首都东京位于第一，在文化上大阪落于古老的京都之后。**

建筑之美并不一定能用来形容这个日本的第二大城市——大阪。大阪有着独特、大胆和时髦的特点。这里的居民外向、时尚且有趣。大阪是日本喜剧演员和美食家的聚集地，当地人喜欢吃，吃得好、吃得多。这个港口城市过去是日本第一大商业中心，现在依然是日本最具商业潜质的城市。作为传统的工业城市，这里过去一度受到经济危机的影响，这让这里的260万居民一直处于忧虑中。现在大阪正致力于成为"世界机器人之都"，政府和企业共同研究和开发机器人技术。与此同时，生物技术研究也促进了这里经济的复苏。

大阪这座城市正在重塑自己。城市北部的行政区和商业区梅田有许多购物和娱乐中心，如拥有诸多餐厅、精品店、剧院和音乐厅的Herbis Ent购物中心。北部还有日本最大的地下商场和●购物中心Hep Five，购物中心屋顶上有个巨大的摩天轮。主火车站北侧有一片面积为0.24平方千米的居住和餐饮区，这里每天人流量达250万人次。在时尚的道顿堀（Dotonbori）步行长廊的南边，大阪的城市议员正在重新建设河岸和桥梁。大阪想凭借

日本西部

808座桥梁和富有吸引力的购物长廊争取"世界水城"的称号。大阪首先建造了拥有别致咖啡馆和船站的长廊，东京和京都甚至都跟不上它的步伐。

景点

电电城（Den Den Town）

与东京的秋叶原一样，原本的日本桥电子产品购物区已经发展成为亚文化群的热点区，特别是成为日本御宅（Otaku）的聚集区。除了电脑和配件商城外还有许多女仆咖啡馆以及Cosplay、动画和漫画商店。

道顿堀（Dotonbori）★

与河流同名的繁华街区道顿堀是大阪的步行街和夜生活区，这里有人行道、剧院、闪闪发光的霓虹灯和华丽的餐厅广告。卡拉OK酒吧、日式弹珠机游戏馆和其他娱乐场所都聚集于此。蟹道乐（Kani Doraku）餐厅是该地区的象征。黄昏后可以在这里散步，从远处观察这个闪闪发光的世界。这里是大阪青年和众多中国游客的热门聚会场所。

露天博物馆（Open Air Museum）

从全国各地收集的11个传统农场，在大阪北部的服部绿地公园（Hattori Ryokuchi Park）被按照其原样重建。每个农场都具有典型的地域风格。🏠 服部绿地公园 🕐 周二至周日9:00—17:00 ¥ 500日元 @ www.occh.or.jp/minka

大阪的道顿堀总是艳丽多彩、霓虹闪烁

日本

梅田蓝天大厦的景观双塔

东方陶瓷博物馆（Museum of Oriental Ceramics）

博物馆北区有1 300多件展品，包括许多中国和韩国的陶瓷艺术品，有2件国宝和13件重要艺术作品。🏠 北区 🕐 周二至周日 9:30—17:00，16:30后禁止入场；节日关闭 ¥ 500日元 @ www.moco.or.jp

大阪城（Osaka Castle）

大阪城是日本历史上最重要，也是最壮观的要塞。在城市最大的公园——大阪城公园里经常举办许多优秀的展览，如建筑历史展，它介绍了丰臣秀吉为维护日本统一而进行的封建战争，而这个建于1583年的坚不可摧的堡垒也成为他权力的标志。据说大约10万人参与了大阪城的建设，在丰臣秀吉死后，这座堡垒被其对手德川家康摧毁。这座要塞反复被砸坏、烧毁，又反复被重建。现在的主塔可追溯到1931年。从7楼的⚜观景台可以欣赏到大阪和周边地区的壮丽全景。🏠 中央区 🕐 9:00—17:00，12月28日至次年1月1日关闭 ¥ 600日元 @ www.osakacastle.net

松下中心（Panasonic Center）

在电子巨擘松下中心的大型展厅里展示着最新的高科技产品和技术。为减小竞争压力，公司正不断向生产生态、环保产品转型。🏠 梅北（Umekita）🕐 10:00—20:00 ¥ 免费入场 📞 06 63 77 17 00 @ panasonic.net/center

SPA世界（Spa World）

这个世界上最大的洗浴中心提供来自11个国家的16种不同的浴场，其中包括土耳其蒸汽浴室、日本温泉浴场和以德国温泉小镇巴登-巴登（Baden-Baden）为原型的沐浴场馆。不同文化的浴场都区分性别。此外，屋顶上还有一个专为老人和青少年设计的包含泳池、滑梯和餐厅的趣味水上世界。🏠 浪速区（Naniwa）🕐 10:00—8:45 🕐 日票：周一至周五2 700日元，周末3 000日元；3小时：2 400日元或2 700日元 📞 06 66 31 00 01 @ www.spaworld.co.jp/english

日本西部

住吉神社（Sumiyoshitaisha Shrine）●

住吉神社的主寺庙据说能保佑该地区家庭和旅行者的幸福安康。它是为纪念3世纪一位皇后安全坐船到韩国而建的海神道寺庙。这个建筑有极罕见的受中国佛教影响的日本神道教建筑结构，其中还能看到一些3世纪的仿造建筑。主要建筑物不使用砖块，而是用稻草覆盖，这也是受中国建筑风格的影响。🏠 住吉（Sumiyoshi）⏰ 6:00—17:00 ¥ 免费 @ www.sumiyoshitaisha.net

当地精宴 天保山（Tempozan）

中央地铁在20分钟内会带您到达天保山。海边旅行值得期待，港口城市大阪的魅力在这里尤其凸显了出来。最重要的景点是112米高的世界第二大的摩天轮（第一的是伦敦眼 ⏰ 10:00—22:00 ¥ 800日元）。大阪海湾和邻近神户的景色无与伦比，特别是在夜晚两个城市灯火通明的时候。另外值得游览的是天保山海港购物中心（Tempozan Harbor Village）、众多的商店和餐馆（⏰ 11:00—20:00）和世界最大的水族馆之一——海游馆（Aquarium Kaiyukan）（P.135）。

梅田蓝天大厦（Umeda Sky Building）⚘

这个摩天大楼坐落在城市北部中心梅田火车站附近，是一座建于1994年的高170米的建筑物。它由两座玻璃双塔组成，两座塔中间由一座位于37层的桥相连。经由扶梯可到达空中庭园展望台，在那里您能360度全方位欣赏城市和海港的景色。这座办公大楼也是德国总领事馆的所在地。

🏠 北区 ⏰ 10:00—22:00 ¥ 700日元

当地精宴 日本环球影城（Universal Studios）

这座好莱坞主题公园是电影迷的乐园。在"侏罗纪公园"项目中面对逼真的恐龙时，您必须要完成29米高的跳跃来解救自己；"回到未来"项目将把您带回过去；在"E.T."项目中您将和外星人同骑一辆自行车穿越空间游荡。游览环球影城需要预留出较长的等待时间。⏰ 9:00—21:00 ¥ 一日游7 900日元，两日游13 400日元 ☎ 06 64 65 30 00 @ www.usj.co.jp

---

美食

在南部难波区的购物街道顿堀您能找到许多不错的餐厅。

大黑（Daikoku）

市内知名的豆腐和鱼餐厅。特色菜是一道用稻米、豆腐和不同蔬菜制成的菜肴——火药饭（Kayaku Gohan），价格合理，营养丰富。🏠 道顿堀 ¥¥ ☎ 06 62 11 11 01

蟹道乐本店（Kani Doraku）

在这家位于道顿堀的螃蟹餐厅里，您可以吃到日本人最爱的螃蟹。往往需要很长的等待时间，最好尽早预订。⏰ 11:00—23:00 ¥ ¥¥ ☎ 06 62 11 89 75

松阪牛烧肉 M 法善寺横丁店（Matsuya Gyu Yakiniku M）

松屋牛肉是日本三大和牛品种之一，肉以烤或炸的方式上桌，价

日本

在环球影城享受电影的乐趣

格合理。🏠 难波 🕐 12:00—15:00、17:00—24:00 ¥ ¥¥ 📞 06 62 11 29 04

美美卯（Mimiu Honten）

城市中央的这家高档餐厅用鸡、虾、贝类和时令蔬菜创造了大阪特色乌冬面（Udon Suki），它是用新鲜食材烹煮而成。🕐 周一至周六 11:30—21:30 ¥ ¥¥ 📞 06 62 31 57 70

御好烧（Mizuno）

提供大阪烧的热门餐馆。当地人坚持日式比萨的制作方法，健康、营养丰富、价格低廉且上桌速度快。🏠 道顿堀 🕐 11:00—22:00 ¥ ¥ 📞 06 62 12 63 60

七福神炸串（Seven Gods Fried Bunches）

大阪非常有名的炸串店，通常从中午开始就人流满满，炸串价格亲民、内容丰富、外皮酥脆，特制香辣酱汁搭配各种酒非常美味。🏠 北区 🕐 周一至周日 11:00—23:00 ¥ ¥ 📞 06 63 58 33 11

娱乐

当地精选 ▶ 大阪国立文乐剧院（National Bunraku Theater）

传统木偶剧的精彩表演可以持续几个小时，大部分内容是英雄故事和爱情故事。如果仅仅是想体会一下，您可观看两幕剧（每一幕约30分钟）。表演时，3个人同时操控一个半人大的木偶娃娃。舞台上故事的推进由故事的叙述者完成，他们在戏剧性的歌唱和三味线音乐中将故事娓娓道来。门票价格视表演内容而定。🏠 中央区 📞 06 62 12 25 31

天空中的星尘酒廊（Sky Lounge Stardust）

从梅田蓝天大厦39层您可以欣赏到大阪和神户两座闪闪发光的城市的美丽景色。酒吧有100种鸡尾酒、50种威士忌、50种葡萄酒和精选利口酒。🕐 周一至周五 17:00—23:30，周末17:00—23:00 📞 06 64 40 38 90

住宿

大阪希尔顿酒店（Hilton Osaka）

位于JR大阪站，是一座有525间客房和精美餐厅（含西餐）的现代化

日本西部

酒店。酒店有游泳池和健身中心，位于市中心，周围有一个大型购物中心。🏠 北区 ¥ ¥¥ ☎ 06 63 47 71 11 @ www.hilton.com

新大谷酒店（New Otani）

酒店有540间客房，在许多房间都能看到城堡的美景。酒店有包含室内和室外游泳池的运动区和15家餐厅。🏠 中央区 ¥ ¥¥¥ ☎ 06 69 41 11 11 @ newotani.co.jp/osaka

大阪难波旅馆（Osaka Namba Guest House）

难波的这家私人旅馆价格非常合理（距离难波火车站7分钟路程）。老板非常友好且乐于助人。有浴室。有3间客房。¥ ¥ ☎ 09 39 75 02 25 @ www.hostelbookers.com/hostels/japan/Osaka

大阪东京Rei酒店（Osaka Tokyo Rei Hotel）

市中心一家非常好的中档酒店。有402间客房。🏠 北区 ☎ 06 63 15 01 09 @ www.tokyuhotelsjapan.com/en ¥ ¥¥

梅田灿路酒店（Sunroute Umeda）

梅田站附近的三星级商务酒店，房间小而干净。有217间客房。¥ ¥ ☎ 06 63 73 11 11

问询中心

游客信息中心

🏠 大阪站大厅北面 ☎ 06 63 45 21 89 @ www.osaka–info.jp/en

周边景点

高野山（Koyasan）（折页E8）

试图在日本寻找宁静和自我的人，能在高野山惠光院的僧侣宿舍中寻找到答案（从大阪乘火车到达这里需90分钟）。在900米的高处有58个寺庙提供的节俭的食宿——一个蒲团垫子、可口的素食晚餐和传统日式早餐。在日本，高野山也被称为"隐士之山"，每年有超过百万的朝圣者前来祈祷。莲花所（Rengejoin ¥ ¥ ☎ 0 73 65 60 06）深受外国人欢迎，它有48间宿舍，是著名的冥想胜地，此外，这里的豆腐也很出名。可通过高野山旅游观光协会（☎ 07 36 56 26 16）预订。

日本南部

"美好的一天,你我将会相见"这句经典的话来自普契尼歌剧《蝴蝶夫人》。人们不难想象,蝴蝶夫人当年是如何在长崎的天然海港每日翘首期盼远方的情人的。歌剧中身着和服的美人与西方绅士,以及象征浪漫的粉色樱花,正是这些元素拼凑出了人们对日本的大致印象。

长崎从中世纪开始进入封建社会。第一批欧洲商人在这里登陆并由此开始在日本传播基督教。1945年,长崎被原子弹摧毁。如今的长崎环境优美,是日本第三大岛——九州岛上最受欢迎的游览胜地,居住有人口1 450万。

别府

(Beppu)(折页 c9)路边升起的蒸汽闻起来有硫的味道:别府(人口12.5万)是日本温泉浴场的黄金地带。

在火车站附近您能找到最好的浴场,最受欢迎的是提供沙浴的竹瓦温泉(Takegawara ◐ 6:30—10:30 ¥60

上图:熊本城遗迹

在别府拜访地狱温泉,在长崎幻想蝴蝶夫人——您不该错过日本南部。

日元,沙浴需另付600日元)。铁轮温泉(Kannawa Onsen ⏰ 6:30—8:00 ¥ 510日元)、盐泉温泉(Shibaseki Onsen ⏰ 7:00—20:00 ¥ 门票210日元,家庭浴池1 620元/小时)里有一个日本罕见的不分性别的公共浴池。另外,您还可以租家族汤屋(Kazokuburo)。

景点

别府地狱温泉(Beppu Hot Spring) ★

由于温泉温度极高,当地人称之为地狱温泉。每天会涌出100多万升温泉水,温泉水可用来供暖或烹饪。每个地狱温泉都是独一无二的,比如"海地狱"(Umijigoku)的颜色呈深蓝色,水中含有矿物质硫和铁,温度

日本

具有愈疗效果的温泉在别府翻腾

高达98摄氏度,这个温泉是在1 200年前发现的;"血池地狱"(Chinoikejigoku)的颜色呈深红色,池中升腾起一片巨大的云雾;在"灶地狱"(Kamadojigoku)中,热温泉水不断涌出;"山地狱"(Yamajigoku)看起来如同被一片蒸腾的雾气笼罩着的山崖;"龙卷地狱"(Tatsumakijigoku)是一个间歇温泉,每30分钟向空中喷射一次温泉水,这是一个持续3分钟的奇迹般的景观。别府最有名的9个温泉中的6个都可以通过步行到达,其他3个温泉距离铁轮温泉1千米左右。购买 当地锦囊 ▶ "地狱入口"环行通行证(Jigoku Meguri Circuit Pass)后,您就可以前往所有的地狱温泉。🕗 8:00—17:00 ¥ 2 100日元,单独购买每个温泉500日元

住宿

荣弥温泉(Sakaeya Minshuku)

在这里能找到散发着明治时代魅力的最古老的旅馆。温泉可以给庭院里的石炉供热。有12间客房。🏠 Ida, Kannawa ¥¥ 📞 09 77 66 62 34

问询中心

别府城市旅游信息

🏠 上野口(Kaminoguchi) 📞 09 77 21 11 28 @ www.city.beppu.oita.jp

日本南部

福冈

（Fukuoka）（折页 B8）严格来说，福冈这个九州岛北部最大城市的150万人口曾经居住在两个不同的城市。

1889年以前，西边是福冈市，东边则是博多市（Hakata）。如今两个城市虽然合并，却都各自更看重自己曾经占领的那片区域。新干线终点以博多命名，机场则以福冈命名。

这座城市被冠以国际化大都市的称号。在这里，您可以尽情购物和狂欢，这里还有日本其他地方的市中心都没有的海滨长廊。福冈也被称为"日本文明的摇篮"，调查结果表明，公元前300年就有人类居住在这里了。

景点

博多运河城（Canal City）

这里是消费和娱乐的天堂，有很多有趣的建筑、精品店、小酒馆，以及13个电影院。福冈城市剧场就坐落在人工运河边。@ www.canalcity.co.jp

福冈美术馆（Fukuoka Art Museum）

当代亚洲最棒的艺术藏馆之一，同时也是一个图书馆。🏠 博多河运城建筑群的7楼和8楼 🕐 周二至周日 9:30—17:00 ¥ 200日元

福冈城市博物馆（Fukuoka City Museum）

日本与亚洲邻国之间的文化往来不胜枚举，一个名为"汉倭奴国王"的古老的金色印章是东汉时期中日交往的证明。🏠 百道浜（Momochi）🕐 周二至周五 9:30—17:30 ¥ 200日元

福冈塔（Fukuoka Tower）

高234米的福冈塔是这座城市显眼的标志性建筑。人们可以坐在咖啡馆Café Dart里欣赏黄昏时的美景。在塔顶有一个观景台。🕐 4—9月 9:00—21:00，10月至次年3月 9:30—22:00 ¥ 800日元，凭护照可以减免20% @ www.fukuokatower.co.jp

美食

金枪鱼馆寿司餐厅（Maguro No Yakata）

在市中心（大丸百货店附近）可以买到物美价廉的寿司。🏠 渡边大道（Watanabe Dori）🕐 每天 ¥ ¥ 📞 09 27 31 60 30

必游景点

★ **别府地狱温泉**
沸腾的温泉：别府著名的温泉浴场里弥漫着蒸汽、泡沫和水雾。→ P.105

★ **樱岛**
这座鹿儿岛附近的活火山岛几乎每天都在喷灰。→ P.109

★ **格洛弗花园**
纯粹的浪漫：从远处您就可以听到长崎公园里播放的歌剧《蝴蝶夫人》。→ P.111

★ **战场**
第二次世界大战结束时的日本：数十万人在冲绳附近死亡。→ P.115

日本

长滨拉面（Nagahama Ramen）

福冈以拉面汤而闻名。烹饪艺术聚集在码头的这片区域，一家商店挨着一家，大部分是露天的，有各种口味的美食（包括素食）。最近的地铁站是赤坂站（Akasaka）。¥ ¥ @ www.kyushu.com/fukuoka/restaurants/naga hama_ramen

住宿

福冈希尔顿海鹰酒店（Hilton Fukuoka Sea Hawk）

该酒店坐落在海滨大道旁，附近有步行街和购物区，客房为日式装潢。有1 052间客房 🏠 中央区 ¥ ¥¥ ☎ 09 28 44 81 11 @ www.hiltonfukuokaseahawk.jp

福冈日航酒店（Hotel Nikko Kukuoka）

广场周围最好的酒店，有359间客房。🏠 博多 ¥ ¥¥ ☎ 09 24 82 11 11 @ www.hotelnikko-fukuoka.com

问询中心

福冈旅游信息中心

🏠 JR博多火车站 ☎ 09 24 31 30 03

周边景点

熊本（Kumamoto）（折页B9）

中国的桂林市与日本的熊本市是友好城市，这一关系在1979年就已确立。此外，熊本还与德国的海德堡市为友好城市，在距离长崎70千米的大学城熊本（73.5万人口），有许多德国面包店、肉店、餐厅和酒馆。

熊本的城堡遗址【🏠 本丸（Honmaru）🕐 8:30—18:00，冬季8:30—17:00 ¥ 500日元】值得一去。这座有近400年历史的防御城堡是日本三大最著名的城堡之一。1877年，最后一批武士聚集于此来反抗帝国。正如汤姆·克鲁斯（Tom Cruise）主演的电影《最后的武士》（*The Last Samurai*）中描述的那样，起义的失败代表日本的封建时代结束了。

从城堡步行一会儿就到了日航熊本酒店【Hotel Nikko Kumamoto，共191间客房 🏠 上通（Kamitori）¥ ¥¥ ☎ 09 62 11 11 11 @ www.nikko-kumamoto.co.jp】。房间按照欧洲标准设定。

鹿儿岛

（Kagoshima）（折页 A10）喜欢比喻的日本人称九州最南端的城市鹿儿岛为"东方那不勒斯"——这是一种赞美。

在樱岛（Sakurajima）活火山进入休眠期时，这座城市会格外美丽，但这种情况很少见。近60.5万居民要对从金库湾（Kinko Bay）另一边刮来的大量灰尘进行防护，道路和汽车上常常会覆盖着一层1厘米厚的灰尘。

1549年，弗朗西斯·夏维尔（Franz Xaver）在鹿儿岛开始了天主教传教工作，经过了29代近8个世纪的传承。岛津封建氏族从这个远离首都的地方开始，对日本南部直到冲绳产生着深远的影响。

日本南部

景点

仙岩园（Iso Parties）
　　岛津家族给这个城市留下了最美丽的风景：大名府邸坐落在风景如画的城堡花园中，花园里栽种了李子树和竹子。在一条小河边，封建时代的人们在此举行盛大的诗歌庆典，每个参与者需要在下一桶酒顺着河流流下来前迅速作出一首诗。🏠 内城以北 🕗 8:30—17:30 ¥ 1 000日元

樱岛（Sakurajima）★
　　1914年，300万吨火山熔岩流入海峡，同时掩埋了许多村庄，在岛屿与大陆间堆积起了一条宽400米、深70米的通道。最后一次火山大爆发是在1960年。自1955年以来，3个火山中的其中一个火山几乎一直都处于活跃状态，产生了大量灰尘。岛上地面看起来像月球的表面，但实际土壤非常肥沃。这里种出的萝卜重达35千克，直径1.5米。火山禁止攀登，但周围有很好的观景点。每15分钟，渡轮都会从火车站附近的码头出发。

美食

熊袭亭（Kumasotei）
　　这家餐厅是地区顶级餐厅。菜单（有英文菜单）上菜品种类应有尽有，鱼类、蔬菜、鸡肉和猪肉有各式各样的做法。建议您提前预订。
🕗 11:00—14:00，17:00—21:30
¥ ¥¥ 📞 09 92 22 63 56

烧酒天国（Shochu Tengoku）
　　酒吧供应150种烧酒，它的名字"烧酒天国"都象征着一种荣誉，这里有种类繁多的米酒和杜松子酒。🏠 江户耀司大厦（Edo Yoshi Building），山之口（Yamanokuchi）🕗 周一至周六17:00—24:00 ¥ ¥ 📞 09 92 24 97 50

住宿

鹿儿岛太阳皇家酒店（Kagoshima Sun Royal Hotel）
　　酒店位于海边，交通便利，还提供前往机场的班车服务。有247间

火山上方不断有烟团涌出

日本

客房 🏠 Yojiro ¥ ¥ 📞 09 92 53 20 20 @ www.sunroyal.co.jp

鹿儿岛东急饭店（Kagoshima Tokyu Hotel）

海滨酒店，在阳台可以欣赏火山景。共206间客房。🏠 鸭池（Kamoi-ke）¥ ¥¥ 📞 09 92 57 24 11 @ www.tokyuhotelsjapan.com

问询中心

旅游信息中心

🏠 JR鹿儿岛火车站 📞 09 92 53 25 00

周边景点

知览（Chiran）（折页B10）

当地精选 ▶ 知览 这个小镇（距鹿儿岛37千米，人口1.4万）上有7个古老且拥有梦幻般花园的房子，值得前来游览，其中保存尤其完好的是建于1741年的第7号房子。在曲折的道路上您可以看出封建武士是如何自我保护的。一条小溪沿着岸边蜿蜒，五彩缤纷的鲤鱼在溪中畅游。

屋久岛（Yakushima）

这座花岗岩岛被联合国教科文组织列入《世界遗产名录》。在海拔1 935米的山崖上生长着著名的日本雪松，宫崎骏的经典动画《幽灵公主》中场景的灵感就是由此启发的。这个1.4万人居住的岛屿气候有些奇特，冬季即便山峰被雪覆盖，人们也可以在海边游泳。最吸引人的是徒步穿过拥有1 900种植物的苔绿色森林。您可以在海滨旅馆（Seaside Hotel）住宿（半膳，有80间客房 📞 09 97 42 01 75 ¥ ¥ @ www.ssh-yakushima.co.jp）。

长崎

（Nagasaki）（折页B9）海湾如画一般的温暖夏夜、花园里的灯笼、穿着和服的美人：长崎（人口44万）凭借其宁静和迷人的环境成为九州岛的重要旅游城市。

在长崎的许多地方您可以感受到欧洲的气息，仿佛长崎打开了通往世界的大门。日本没有其他地方像这里一样拥有如此多的教堂：葡萄牙传教士最早开始在日本传播基督教，于1597年以受难大屠杀作为终止，有26个欧洲人和日本人为宗教殉难。江户幕府明令全面禁止传播西方宗教，并杀害基督徒，驱逐外国人，只有出岛（Dejima）作为商业用地保留了下来。即使在孤立的黑暗时期，西方的知识和文化仍到达了闭关锁国的日本。明治时期对外开放后，这座城市凭借其天然的海港优势迅速成为造船中心。1945年8月9日，美国轰炸机向长崎投下了原子弹，当时几乎有一半的城市都被摧毁。

当地人的购物和饮食中心距离JR火车站2千米远。从那里步行穿过中国城就可以到达南部的荷兰坡（Dutch Slope）和格洛弗花园（Glover Garden）。

景点

出岛（Dejima）

这个小岛曾是日本通往世界的大门。然而今天，人们却很难发现

日本南部

出岛上穿着传统和服、举着阳伞的女孩

它。出岛电车站旁的博物馆给人留下深刻的印象。荷兰商人在出岛住了大约200年,他们的生活和日本人的生活被完全隔绝了。除了贸易伙伴,只有僧侣和妓女才能进入这里。
🕐 8:00—18:00 ¥ 门票510日元

荷兰坡(Dutch Slope)

荷兰坡是日本对外开放后建立的外国人住宅区。由于日本曾长期与荷兰有贸易往来,所以当时的长崎人将所有的迁居到这里的西方外国人都称为"荷兰人"。一些房屋现被重建,最令人印象深刻的是1868年建成的东山手十二番馆(Junibankan),这里曾经是普鲁士领事馆。🏠 市民病院(Shiminbyoin)

格洛弗花园(Glover Garden)★

很多人都听过《蝴蝶夫人》这部歌剧中著名的咏叹调,这部歌剧是日本的著名歌剧演员三浦玉木(Miura Tamaki,1884—1946)主演的,为了纪念她,花园里建了一个真人大小的铜制纪念碑。托马斯·格洛弗(Thomas Glover)在1900年前后住在海港入口的山丘上,直至1911年去世,他是长崎最著名的外国人。他是苏格兰人,不像《蝴蝶夫人》里的男主角那样是美国人。今天人们依旧可以感受到日本第一个西式别墅区的氛围。花园正中间的格洛弗豪宅(Glover Mansion)建于1863年,在这里可以欣赏到海港的梦幻景象。🏠 南山手(Minami Yamate)🕐 8:00—18:00,夏天8:00—21:30 ¥ 610日元

原子弹爆炸中心地公园(Hypocenter Park)

公园位于浦上(Urakami)郊区车站北边。黑色石头上标记着原子弹爆炸的地点和时间:1945年8月9

日本

孔庙岐阜：孔子的72名学生的雕像

日，11:02。7.5万平民丧生，许多人受重伤。公园过去曾是中央监狱所在地，现在每年都会举行纪念会。最引人注目的标志物是10米高的和平雕像。参观原子弹博物馆也是一次让人有所触动的体验。🕒 8:30—18:30，9月至次年4月 8:30—17:30 ¥ 200日元

孔庙岐阜（Confucius Shrine Sofukuji）

红色主门是中国明代皇家建筑的典型样式。这个朝圣地有着中国以外唯一的孔子陵墓，陵墓里保存着20件大理石雕刻藏品，1.6万个文字记载了中国伟大哲学家孔子的理论。庙里有一口大锅，在1652年的饥荒中，3 000个贫穷的人每天都要靠从锅里盛出来的施舍的小米粥过活。🏠 Kayiya 🕒 8:00—17:00 ¥ 门票300日元

大浦天主堂（Oura Church）

1864—1965年由天主教徒建造的这座教堂是为纪念1597年被钉在十字架上的26位基督徒。尽管19世纪末官方明确禁止当地人信奉天主教，但仍有日本信徒相聚在此进行朝拜。🏠 格洛弗公园附近 🕒 8:00—18:00 ¥ 300日元

浦上天主教堂（Urakami Church）

被原子弹摧毁前，这座建于1914年的大教堂是东亚地区最大的教堂。新教堂建于1959年。🏠 Moto 🕒 9:00—17:00 ¥ 免费

美食

长崎炸猪排店（Hamakatsu）

菜单上有长崎的特色菜，提供中式、葡式、日式的四人份套餐。🏠 Kajiya 🕒 11:30—20:30 ¥ ¥¥ ☎ 09 58 26 83 21

Harbin

提供俄餐和法餐的美食餐厅。午餐套餐既好吃又实惠。🏠 Yorosuja 🕒 11:30—14:00，17:30—21:00 ¥ ¥¥ ☎ 09 58 24 66 50

住宿

全日空皇冠假日酒店（Ana Crowne Plaza）

这家格洛弗花园脚下的酒店受欢迎且舒适，设有自助餐厅，是参观许多景点的理想出发地。有216间客房。☎ 09 58 18 66 01 ¥ ¥ @ www.anacrowneplaza-nagasaki.jp

日本南部

新长崎酒店（Hotel New Nagasaki）

酒店位于JR车站旁，拥有大型健身中心和游泳池。有130间客房。
🏠 Daikoku 📞 09 58 26 80 00 💴 ¥¥
@ www.newnaga.com

问询中心

长崎城市旅游信息

🏠 JR车站 📞 09 58 23 36 31
@ visitnagasaki.com

冲绳

（Okinawa）冲绳（人口140万）的日本人基本上都是外地人。日本最南端的那霸（Naha）距离首都东京2 000千米，而距离中国台湾省台北市仅200千米。

1879年，日本急于吞并冲绳这个琉球群岛的主岛，于是宣布岛上的语言为"日本第二主要方言"。自1945年起，美国占领此岛长达27年，今天岛上也还有几个美军基地。当地人要求美国撤军，但显然，美国之所以不撤军，正是看重这个岛屿靠近中国台湾，具有重要意义。

除了传统的建筑外，这里还有许多不同风格的其他建筑。这里的房子旁边都有一个石头砌成的"鬼墙"，正好挡在了通向大门的路上，据说邪恶的妖精只能走一条直线，所以这些墙能起到保护的作用。陶土制的狮子狗被称为西萨王（Shisa），守卫着屋顶和房门。冲绳是 ==日本百岁老人最多的地方==，最著名的是有"永驻青春之乡"之称的大宜味村（Ogimi）。

科学家用健康的饮食习惯和良好的社会环境来解释他们长寿的现象。冲绳人非常积极活跃，他们做户外运动、在花园里种植花卉、散步、跳民间舞蹈，这些运动的效果如同练太极一样。在冲绳供应的食品中，约80%是蔬菜，当地人用菜籽油烹制、蒸炒。那霸人的生活都集中在2千米长的国际林荫大道（Kokusai）上，那里汇集了酒店、酒吧、夜总会和纪念品商店。

景点

和平纪念博物馆（Hiroshima Peace Memorial Museum）

以日本视角展示了第二次世界大战期间冲绳战役在糸满市（Itoman，那霸以南约12千米处）的战况。
🕐 9:00—17:00 💴 300日元

首里古堡（Shuri Castle）

这个位于那霸以东约4千米处的帝国军队的总部在1945年遭到了全面破坏，1993年复制建筑得以重建。
🏠 Shuri 🕐 8:30—18:00，夏季8:30—20:00 💴 820日元

美食

用生姜汁浸泡过的猪耳朵是当地的特产。

Dojo酒吧（Dojo Bar）

适合体育爱好者的国际酒吧，尤其吸引空手道和相扑运动爱好者。酒吧提供小点心。🕐 18:00至次日1:00 💴 ¥¥ 📞 09 89 11 36 01 @ dojobarnara.com

日本

东阳饭店（Toyo Hanten）

在距离那霸约16千米的北谷（Chatan）有一家价格合理的中式餐厅。🕐 11:00—23:00 ¥ ¥ 📞 09 89 36 40 26

Yunangi

那霸的一家小而质朴的饭店。有特色家常菜：切好的猪耳朵配黄瓜和酱汁。🏠 熊内（Kumochi）🕐 周一至周六 11:00—21:00 ¥ ¥ 📞 09 88 67 37 65

购物

在冲绳有用毒蛇酿成的药酒——毒蛇酒（Habuzake）。在装满杜松子酒的罐子里，冲绳最危险的一种毒蛇Habu身体蜷缩在一起，虽然死了，但还是很吓人。加上黑糖或红薯饮用药效会更好。另外，可以在那霸市中心和平大道（Heiwa Dori）的小商店里找到原创纪念品。

Aeon Mall

美国村附近冲绳最大的购物中心，有200多家品牌入驻。有规模惊人的美食区、16家婴儿和儿童用品店。另外，这里每天都有现场音乐表演。🕐 10:00—22:00 @ www.okinawarycom-aeonmall.com/

休闲/运动

海边

冲绳的海底世界是东亚最好的潜水地点之一。在这里您会看到令人眼花缭乱的珊瑚礁、五光十色的鱼世界、令人印象深刻的峭壁、怪异的洞穴和有趣的石窟。

这里还有月亮海滨浴场（Moon Beach）、老虎海滨浴场（Tiger Beach）、万座海滨浴场（Manza Beach）等。冲绳最受欢迎的海滨浴场位于西海岸，距那霸约30～50千米，高档酒店遍布，提供许多水上运动项目。

住宿

当地锦囊 巴塞那特雷斯度假酒店（Busena Terrace Resort）

日本最美的海滨浴场和冲绳最舒适的酒店，将日本的亚洲礼仪和海滨风情完美结合在了一起。此外，这里还有美丽的露天餐厅和人工堆积出来的海滩。有401间客房。¥ ¥¥¥ 📞 0 98 51 13 33 @ www.terrace.co.jp

丽思卡尔顿酒店（Ritz Carlton Nago）

位于冲绳海滩边的丽思卡尔顿酒

日本南部

海滩四周围绕着珊瑚礁,风景如画

店集华丽、优雅和昂贵于一身。建筑风格和室内设计体现了当地的特色,铁板烧餐厅会提供健康美味的菜肴。酒店有高尔夫球场、游泳池、水疗和健身俱乐部。有79间客房。¥ ¥¥¥ ☏ 09 80 43 55 55 @ www.ritzcarlton.com/en/Properties/Okinawa

问询中心

那霸机场游客信息中心

🏠 机场,冲绳 ☏ 09 88 57 68 84 @ www.visitokinawa.jp/?lang=zh-hans

周边景点

玉川堂(Gyokusendo)

这个日本最大的石灰岩洞穴(那霸以南35千米)是一个自然奇观,形成于30多万年前,为游客们展示了数千个千奇百怪的幻想形象,长约1千米。该景点还包括一个主题公园和一个历史上被重塑的村庄。🕘 9:00—18:00 ¥ 1 650日元 @ www.gyokusendo.co.jp/okinawaworld/en

战场 ★

在1945年4月于冲绳岛展开的战争中,仅日方就有超过23万人死亡。在海军舰队总部、今博物馆(🕘 8:30—17:00 ¥ 420日元)所在地,4 000名日本士兵集体自杀身亡。很多平民死在凯恩角(Kap Kyan)。在姬百合塔(Himeyurinoto)的南端,老师逼迫大约200名女学生集体跳崖,以免他们落入美军之手。纪念馆展出的重点是当地人在遭到入侵和美国占领期间的命运。这种单方面的宣传却引起了国际社会的争议。🚌 位于那霸以南12千米处,可乘游览巴士到达

独特体验之旅

❶ 日本最美之旅

起点： ❶ 东京火车站
终点： ⓯ 长崎

13天
交通时间
8小时

路程：
➡ 3 272千米

费　用：	人均约人民币23 000元，它含日本铁路通票、住宿、出租车费用、饮食。
携带物品：	小行李箱（在新干线列车上，大件行李只能被放置在每节车厢最后一排的座位后面）。
注意事项：	如果在旅行开始前您在国内购买了日本铁路通票（@ www.Jrpass.com/zh-cn），价格会更优惠。建议您提前预订旅馆。在中途停留站，您可搭乘出租车前往景点，若您选择搭乘公共交通工具，需要以熟悉地点和掌握语言为前提。

上图：新干线高速列车上的列车长

つなげよう、日本。

地球上的每个角落都有其美丽之处，如果你想发现每个地区的独特魅力，如果你想找到值得驻足观赏的景物、震撼人心的去处、美味的餐厅……这份定制的深度游攻略再合适不过了。

乘坐世界上最准时的新干线列车横穿日本大陆，您能参观珍贵的寺庙和神社、漫步于生动的海港城市和传统自然风景公园，还能在温泉中沐浴。

在❶东京火车站→P.62搭乘新干线，30分钟后抵达❷横滨→P.68。徒步穿过热闹的中国城达到海外港。晚上您可以到有品质保证的餐厅或小餐馆去品尝美食。继续搭乘新干线前往❸名古屋→P.52（行驶时间大约1.5小时）。参观名古屋城后推荐搭乘特快列车绕道游览神道教的宫殿❹伊势神宫

第1天

❶ 东京火车站

31千米

❷ 横滨

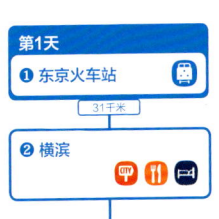

日本

第2天
- ❸ 名古屋
- ❹ 伊势神宫

第3—6天
- ❺ 京都
- ❻ 奈良

第7天
- ❼ 大阪

第8天
- ❽ 神户

第9天
- ❾ 姬路

→P.54（行驶时间1.5小时）。

　　下一天清晨新干线列车会用1小时把您送往❺京都→P.78这座拥有17个联合国教科文组织认定的世界遗产的古老城市。为了参观京都的寺庙和神社您最好在这里停留4天时间，其中一天去❻奈良→P.92参观古老皇居、东大寺→P.95以及寺内大佛。然后前往❼大阪→P.98（行驶时间30分钟）——日本现代化城市之一，漫步穿过时尚的道顿堀→P.99，在这里您能欣赏戏剧、品尝美食和泡吧。接下来的一天前往充满活力的港口城市❽神户→P.77，步行游览即可。夜晚您可搭乘索道上到六甲山→P.77，一览曼妙的城市和海湾景色。

　　下一个清晨，乘坐40分钟火车前往❾姬路→P.70，在火车站就能看到著名的姬路城。半小时步行后您就能到达姬路城→P.70，它常作为不同武士题材电影中出现的经典背景，最初是用来抵御外来入侵的。随后的❿冈山→P.97也值得逗留，您可以在后乐园→P.97散步，在车站乘坐有轨电车即可到达这座花园。行驶45分钟后新干线列车停在了

独特体验之旅

⑪ 广岛→P.74。在这个活力四射且现代的港口大都市您应该计划停留3天。除了参观记录着1945年原子弹投放历史的纪念馆外,还不能错过浪漫的神社岛 ⑫ 宫岛→P.76的船上观光。红色的水上大门是日本被镜头拍摄最多的特色标志建筑。

新干线在65分钟内把您送往东日本西南端九州岛的 ⑬ 福冈、博多→P.107。在您动身搭乘区域火车前往日本最美且原始的 ⑭ 别府→P.104温泉前,您可以 徒步 锦囊 沿市内的海滨长廊漫步。一定要在别府的热温泉里沐浴,在温泉酒店里入住一晚。

再回到福冈、博多,特快列车需要2小时到达 ⑮ 长崎→P.110这个和普契尼的歌剧《蝴蝶夫人》息息相关的城市。漫步于浪漫的格洛弗花园→P.111和石头铺成的街区荷兰坡→P.111是件美好的事。原子弹爆炸中心地公园→P.111和浦上天主教堂→P.112

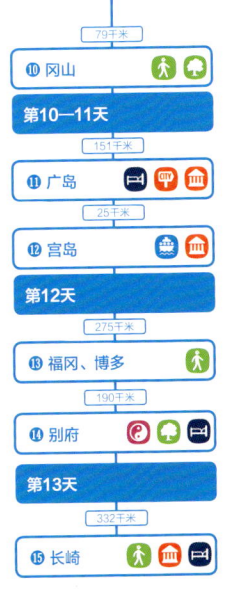

79千米	
⑩ 冈山	🚶 🌳
第10—11天	
151千米	
⑪ 广岛	🚌 🍴 🏛
25千米	
⑫ 宫岛	⛴ 🏛
第12天	
275千米	
⑬ 福冈、博多	🚶
190千米	
⑭ 别府	♨ 🌳 🚌
第13天	
332千米	
⑮ 长崎	🚶 🏛 🚌

在横穿日本的新干线上能欣赏美丽的富士山

日本

令大家铭记1945年8月9日在长崎发生的原子弹爆炸。推荐您在景点附近入住。乘坐新干线经过福冈、博多回到东京。

② 富士山攀登之旅

起点： ❶ 河口湖
终点： ❶ 河口湖

2天
步行时间
9~10小时

路程： 19千米
高度： 1 476米

费　　用： 大约需人民币60元门票作为环境税，入住山上木屋大约人民币2 100元，按小时计算每人每小时人民币240元。

携带物品： 结实的登山鞋、雨衣、防晒霜、保暖的衣服、手电筒，推荐带头盔、水、零食。

注意事项： 登山只能在每年夏天（7—8月）进行，这个时间内山上木屋对外开放且巴士能开到2 400米的高度。一般游客不经过登山训练也能攀登，最大的挑战是越来越稀薄的空气。攀登富士山是一项大众运动，所以登山路上还有众多攀爬者。因海拔较高和温度差较大，请您预留出充足的休息时间（夏天山顶上温度大约5摄氏度）。下山路上没有小木屋。

海拔3 776米的富士山是日本最高、最美而且最神圣的山。为了体会真正的富士山，★**在日出时分站在富士山巅，您应下午出发，在山上木屋过夜。**

起点是 ❶ 河口湖（Kawaguchiko），游客可从东京的新宿车站乘快车到达。在那里，您可以乘坐富士五湖线巴士到达2 300米高度的 ❷ 五合目。从这里开始您沿着吉田线路攀爬6~8小时，首先经过一条周围松树和乔木林立的宽阔道路，然后在蜿蜒曲折的道路上沿着火山岩和结晶岩继续攀爬。也许会有数百位来自不同国家想要征服富士山顶的攀登者同行。在山路旁的小站您可以买到带声响的六边形金刚杖，它发出的声响将伴随您的整个攀爬过程。

独特体验之旅

在攀爬了400米高度后，到达了 ❸ 七合目。在这里您有机会在公共房间休息（仅能通过电话预订 📞 05 55 23 54 23），吃些热餐（咖喱和牛肉米饭、方便面）、糖果或是喝些不含酒精的热饮、冷饮、汤，来补充体力。

短暂休息后继续向山顶进发，在海拔3 100米处到达了 ❹ 八合目，这里有个亭子可供攀爬者休息。再有300米的高度就到了最后最难的部分。在此之前您可以在 ❺ 富士山旅馆（共350张床位，需要预订 ¥¥ 📞 05 55 22 19 47，夏季05 55 24 65 16）让疲惫的身躯休息一下。这是一家简朴的旅馆，内置一个巨大通铺。在晴朗的天气您还能将夜晚灯火辉煌的东京和横滨尽收眼底。

入眠的夜晚是短暂的，因为这家旅馆的经营者是学生，他们会集体出动在凌晨两点叫醒客人。最后的冲刺：对于最后阶段而言，由于道路多陡峭且有许多岩石，所以您需要大约80分钟（如果攀爬人数众多造成拥堵可能需要更长时间）。接着到了这次旅行的高潮——在 ❻ 富士山山顶，一幅色彩华丽的日出壮观景象映入眼帘。如果您感觉一饱眼福了，可以沿着巨大的火山坑走上一圈，百年来都遵循着顺时针绕行的规则。下坡路需要用3小时，沿特意安置的碎石公路到达五合目，最后坐巴士回到 ❶ 河口湖。

日本

③ 南部乡村风之旅

起点：❶ 高松
终点：❶ 高松

路程：
大约450千米

3天
交通时间
8小时

费　　用： 人均人民币5 500元，包含日本铁路通票、饮食、住宿、出租车费用和门票。

携带物品： 雨衣、防晒霜、沐浴用品。

注意事项： 乘飞机、渡轮、火车或公交车出发。四国岛内铁路线路更畅通。在JR火车站旁边的游客信息中心能得到当地地图。

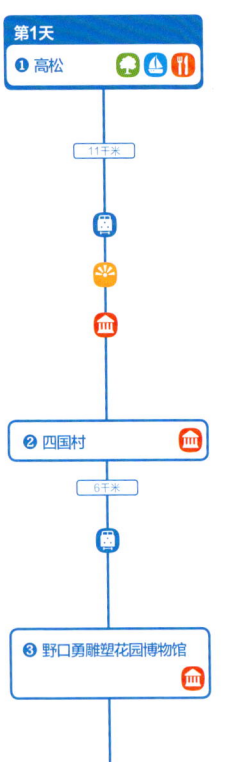

第1天
❶ 高松

11千米

❷ 四国村

6千米

❸ 野口勇雕塑花园博物馆

在日本四岛中最小的四国岛上能探寻到与大城市截然不同的原始日本。漫步穿越传统的自然风景公园，在浴堂里尽情享受温泉带来的大汗淋漓的感觉，在曲折的海岸看鲸鱼和海豚嬉戏玩耍。

旅行的起点在四国岛北边的港口城市❶高松（Takamatsu）。栗林公园（Ritsurin Koen）（日出到日落 ¥410日元 @ritsuringarden.jp）展示了绝美的日本风景。无论何时，在这座日本最大的风景花园里多能看到湖、山丘和桥还有岩石、茶馆、樱桃树、李子树和枫树等构成的宜人景色。您能在船舶航行（¥30分钟航行610日元）中体会一把古代封建领主的感觉。紧接着您可以在上原屋本店（Ueharayahonten）品尝赞岐乌冬面（Sanuki Udon 在栗林公园对面 10:00—18:00 ¥¥ 08 78 31 67 79），一种细的小麦面。

从栗林公园出发乘坐火车前往屋岛（Yashima）一览濑户内海和濑户大桥的震撼景色。在屋岛山脚坐落着有33个传统建筑和1个展览大厦的博物馆之村——❷四国村（Shikoku Mura）（8:30—17:30 ¥800日元），其中展览大厦是由著名建筑师安藤忠雄设计的。

独特体验之旅

从屋岛出发,火车驶向Goken山,在那里您可以参观陈列着日裔美籍雕塑家和设计师野口勇作品的❸野口勇雕塑花园博物馆(Isamu Noguchi Garden Museum)(◑仅于周二、周四、周六分别在10:00、13:00、15:00经提前预约后提供导引 ¥ 2 160日元 ☏ 08 78 70 15 00 @ www.noguchi.org/museum/japan)。150个雕塑品、住宅、工作室、花园和周边环境构成了这个独特的建筑群。您在中心的❹JR克莱门特高松酒店(Clement Takamat-

道后温泉的浴室里提供热茶

su)(有300间客房 ⌂ 1-1,Hamanocho ¥ ¥¥ ☏ 0 87 81 11 11 @ www.jrclement.co.jp/en)能瞭望到濑户内海的景色。

第2天火车用1个小时将您送往❺琴平(Kotohira)。785级石阶通往金刀比罗宫(Kompirasan)——岛上最重要的神道教神社。该宫殿是航海者和旅行者献给神明的礼物。努力攀爬约45分钟,奖赏您的将是震撼的赞岐平原和神社宏伟的风景。

然后乘坐火车,用2.5个小时到达岛中最大的城市——❻松山(Matsuyama)。那里特别值得参观的景点是山和寺庙。日本最古老且有名的温泉胜地——❼道后温泉(Dogo Onsen)就位于松山市以北4千米

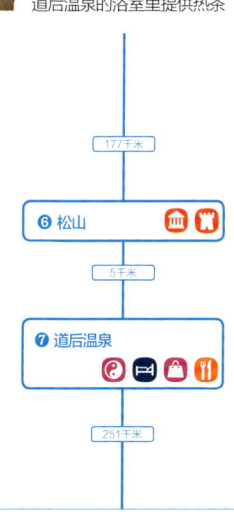

123

日本

第3天

处,皇室成员也经常光顾这里。从车站到该地区最吸引人的建于1894年的3层道后温泉本馆(Dogo Onsen Honkan)(⏰ 6:00—23:00 ¥ 410~1 550日元)只需4分钟。本馆提供公用水池,屋顶结构呈奇特造型。公共浴室的建造灵感来自日本著名漫画家宫崎骏的漫画电影作品《千与千寻》。您能在沐浴中感受传统氛围——依据票价您还可享用绿茶、小吃以及参观本馆专供天皇使用的部分。

当地锦囊 从道后温泉本馆到车站的路上您能发现一个特殊的摄影主题:在一个250米长的购物拱廊中,参观者经常身着日式浴衣(Yukata)闲逛。您可以入住距车站仅200米、传统优雅的福那雅酒店(Hotel Fynaya)(有58间客房 ¥ YYY 📞 08 99 47 02 78 @ www.dogo-funaya.co.jp)并在这里极好的餐厅享用晚餐。

第3天搭乘火车前往更南的地区——地处亚热带的高知县(Kochi),它那令人震撼的海岸线在两个险峻的海岬中间形成巨大的弧度。海岸线附近的国家公园、海湾和海滩是户外运动的理想场所,在这里您可以划独木舟、冲浪、赏鲸。在足摺岬(Kap

124

独特体验之旅

Ashizuri）附近您能看到鲸鱼和海豚，它们常年在此嬉戏玩耍。从港口出发到达❽土佐清水市（Tosa Shimizu）需要3~4个小时的行程。（🕐 13:00 ¥ 5 000日元 @ www.shimizu-kankou.com.e.cp.hp.transer.com）3小时后火车将再次把您送至❶高松。

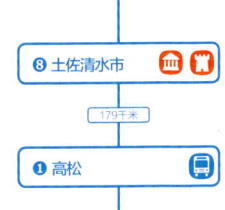

❽ 土佐清水市

179千米

❶ 高松

④ 神圣朝圣之旅

起点：❶ 纪伊一田边
终点：❽ 汤之峰

3天
步行时间
12小时

路程： ➡ 45千米
难度等级： 📶 难

费　用： 人均人民币3 500元，包含住宿、饮食、门票。
携带物品： 登山鞋、防晒霜、雨衣、水。

注意事项： 在到达❶纪伊一田边后搭乘大阪JR特急列车。住宿最好提前预订。旅途有挑战性，部分比较艰难。

纪伊半岛是日本最神秘的区域之一，有几乎9万座神社和寺庙坐落在山景、竹林中和狭长的海滨地带，它们早在1 000年前就因朝圣之路相互紧密地联系起来。花3天时间漫步在著名的中边道上绝对是一次震撼心灵和体能的文化经历。

从❶纪伊一田边（Kii-Tanabe）的海岸边开始您的旅途，由于第二天需要很早动身，所以您最好在距离车站250米的阿尔捷酒店（Altier Hotel）（有49间客房 ¥ ¥ 📞 07 39 81 11 11 @ www.altierhotel.com）入宿。酒店的大房间里能提供看大海和城市景色的极佳视角。

清晨，巴士驶向❷泷尻王子（Takijiri Oji）这个通往神圣熊野山心灵上的入口。从这里出发，选择走有标志的中边道（Nakahechi）大约步行13千米后到达近露王子（Chikatsuyu）。第一段路程需要穿

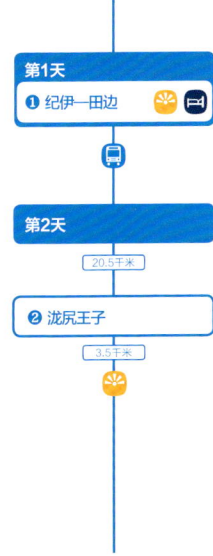

日本

过森林，中途会被高高的台阶、石块路面和美丽的❸高原乡（Takahara）风景牵绊了步伐，高原乡素有"雾之村庄"的称呼，顾名思义，就是山景被雾笼罩着。色彩斑斓的高原熊野神社（Takahara Kumano Jinja）过去是邮局，现在则是坐落在巨大樟树林中的古老神社之一。从那里出发向❹近露王子前进，村中有同名的神社。您能在毗邻河边的一家名为近露民宿（Minshuku Chikatsuyu）的日式温泉民宿的榻榻米房间（有公用浴室和洗手间，有6间客房￥@www.kumano-travel.com）入住。

第3天先穿过多山区域，途中会路过许多王子神社。日本人在神社祈求内心的平和以及达成其他愿望和目标。一个醒目的休息点是❺发心门王子（Hosshinmon）和❻扶拜王子（Fushiogami Oji），这两处视野广阔，您能看到山谷里本宫大社（Hongu Taisha）的布局。1889年大社被洪水摧毁，今天见到的大社位置更深入内陆，但（日本最大的）鸟居却还在原来的位置没有变动。您想登上❼熊野本宫大社（Kumano Hongu Taisha）需要经过一段陡峭且周围树木林立的阶梯。这里所有的朝圣之路呈星状会集在一起。

在看到用英语标出的"汤之峰温泉"的小路后，您能在大约1小时后到达疗养地❽汤之峰（Yu-

独特体验之旅

nomine），它的沐浴间，特别是特色治愈水在日本很受欢迎。您能在 当地精赏 日式汤之峰温泉（Tsuboyu onsen）（🕒 6:00—21:30 ¥ 770日元30分钟，最多包括两人 📞 07 35 42 00 74 @ www.tb-kumano.jp/en/onsen/yunomine）享受放松时刻。1 800年前朝圣者在这里的小浴室沐浴，而今天这里已经成为世界遗产。据说这里的热矿物水有治愈疾病的功效。

在日式旅社Minshuki Kuraya（有4间客房，通过 @ www.tb-kumano.jp/en预订 ¥）用过晚餐后，这段行程就结束了。您可以在此入住。从这里出发，您在次日清晨可乘巴士用90分钟回到出发地纪伊一田边。

5 原始北海道之旅

起点： ❶ 札幌
终点： ❿ 层云峡

3天
交通时间
8小时

路程：
➡ 1 038千米

费　用： 人均人民币7 700元，包含租车费、汽油、住宿、饮食、导游。

携带物品： 登山鞋、洗浴用品、防滑拖鞋、颤音哨（国家公园里有熊）。

注意事项： 在租借汽车时要注意选择操作简单、可使用中文或英文的导航系统。❹知床五湖：在参观旺季（3—7月），出于保护自然的原因，只有在预约登记后才能开车驶入小路（¥ 大约5 000日元 @ www.goko.go.jp/fivelakes）。最好的旅行时间是3—10月。冬季有些地区封闭禁止入内。

在阿伊努人的语言里，他们将北海道的东北角叫作"大地的尽头"。毗邻鄂霍茨克海的知床国家公园（Shiretoko National Park）对于热爱自然的人而言是天然的漫步天堂，公园包含了瀑布、温泉以及活火山等自然景观。

日本

第1天
① 札幌 🚌

331千米

② 网走市 🌳🌅☯🏨

第2天

③ 宇登吕 🚢🌳🌅

15千米

④ 知床五湖 🌳🚶

28千米

⑤ 神威之水温泉瀑布 🌊☯

从 ❶札幌出发沿一条重建的道路行驶5小时到达知床国家公园的大门——❷网走市（Abashiri）（📞 0 52 44 58 49）。因独一无二的自然景色和野生动物（如棕熊和白尾海鸥），该公园和临近的海洋保护区于2005年被评为世界遗产。您可入住网走观光酒店（Abashiri Kankou Hotel）（有110间客房 ¥¥ 📞 01 52 21 21 @ breezbay-group.com/abashiri-kh），酒店位置紧挨网走湖，为观赏全景提供了极佳视野。在旅馆的温泉（室内室外）用一个让人身心放松的沐浴结束这一天。

沿海线路把您送往东北方向的 ❸宇登吕（Utoro）。观光船，例如极光船（Aurora Ships）（🕐 航行时间 90 分钟 ¥ 3 100 日元 @ www.ms-aurora.com/shiretoko/en），每年4月末到10月每天6次从港口出发，沿着险峻的岸边航行，途中经过令人窒息的危岩、瀑布和山崖。

为了到达知床五湖欣赏它未被开发的自然景色，您需要乘主路车前往知床自然中心，然后继续行驶10千米到达访客中心旁边的 ❹知床五湖（Shiretoko Goko）停车场。800米长的木制码头通往第一个湖。为了接下来的行程您需要在这里膳宿（500日元）。别犹豫，尽情体验 当地 锦囊 ▶ ❺神威之水温泉瀑布（Kamui Wakka no Taki）秘汤吧。

汽车行驶50分钟后，您可入住奇诺海特酒店（Hotel Chinohate）（冬季关闭，有41间客房 ¥¥

攀登险峻的罗臼岳的山峰之旅：艰难的攀登，独一无二的景色

独特体验之旅

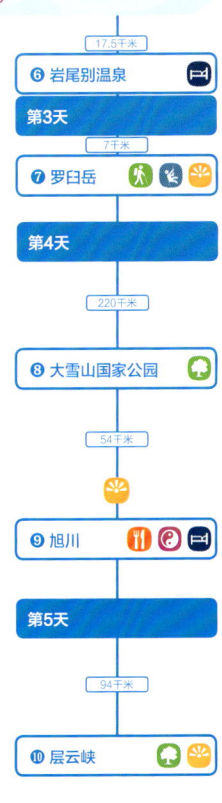

01 52 24 23 31），并且再次体验当地温泉 ❻ 岩尾别温泉（Iwaobetsu Onsen）。

通往海拔1 660米的 ❼ 罗臼岳（Rausu Dake）的步行小径起点在旅馆附近。罗臼岳是公园正中火山群中最高、最险峻的山峰。您必须以极具挑战的上山之路和返途预留出8小时时间。到达山顶前有一小段山崖上的陡壁。登上山峰您能瞭望到俄罗斯和日本争议的群岛北方四岛的南部。

在返回札幌的途中您可以参观北海道中央的日本最大的国家公园 ❽ 大雪山国家公园（Daisetsuzan National Park）（@ www.daisetsuzan.or.jp/english）。这是一个包含火山、高山草场、温泉和森林等景色的野生风景区。气势雄伟的山脉群中，最高峰为海拔2 290米的旭岳（Asahi Dake）。您可在北海道第二大城市 ❾ 旭川（Asahikawa）豪华的富良野扇松园日式酒店（Senshoen）（有18间客房 ¥ ¥¥ 01 66 61 51 54 @ www.sensyoen.co.jp/index.php）入住，酒店周边提供当地美食和温泉。

从旭川出发花一天时间参观 ❿ 层云峡（Sounkyo Gorge），那里有给人留下深刻印象的瀑布。从旭川到札幌需要大约3小时。

上图：沐浴在温泉中

户外活动

日本随处可见慢跑线路、自行车骑行线路以及健身俱乐部。此外，在日本观看和参加体育和文化活动的花费比其他国家高，大多数运动场馆和训练课程价格偏贵（如高尔夫和网球）。日本人习惯并喜欢花费较长时间训练。

对于竞技类体育项目的爱好者而言，有越来越多为外国人设立的运动组织可以参加，通常这类组织要求缴纳入会费或月费。

日本举办过3届奥林匹克运动会和第一届亚洲杯足球赛，这个国家全民疯狂热爱棒球这项运动。人们不仅狂热追逐日本专业联盟队的赛事，而且对日本明星在美国棒球职业联赛中的频频出现也表现出极大的兴趣。

柔道

柔道是世界上最著名的日本竞技类运动，其历史可追溯到日本武士自我防卫的一种方式——借助抓和扑将对手的力量转化为自己的力量优

在温泉沐浴、骑行穿越世界上最激动人心的城市之———您将以不同的方式体验日本。

势。最有名的柔道学校是东京的讲道馆（Kodakan）。💴 会费5 000日元，月费约8 000日元（看台上观看免费）；国际部 📞 03 38 18 41 72 @ www. kodokan.org

剑道

传统的剑道如今已成为许多学校的体育项目。运动者手持一把竹剑，以对手佩戴面具、护胸甲和手套的部位为攻击目标。最著名的训练馆是东京武道馆（Tokyo Budokan）。💴 每节练习课300日元，共20课时，总计

日本

6 000日元 📞 03 32 11 58 04 @ www.kendo-fik.org

日式温泉

日本温泉众多，这要归功于火山。日本人深信在40～60摄氏度的硫黄温泉里泡澡有促进健康的疗效。由于在同一个浴池中的人越来越多，所以需要遵守泡澡的规矩。人们需赤身踏入沐浴间，在泡温泉之前坐在喷头下方的小木椅上用肥皂和香波清洗身体，完成清洗后方可踏入温泉。在富士山脚下的箱根能找到许多美丽的日式温泉。

自行车骑行

除大城市外，北海道、九州、四国以及本州一些人烟稀少的地区还有许多美妙的风景和旅游目的地。您可在火车站租用自行车，每天的费用在500～1500日元之间，可在下一个车站归还。到目前为止，日本的大城市里骑自行车的人还是相对少了些。在东京市议员的提议下日本第一条自行车道修建完成。周末机动车司机可相对自由地在皇居周围行驶，为休闲运动者留出更多宽敞的道路。可在自行车循环站【马场先门（Babasakimon）门后面】免费租用自行车。应东京自行车旅游组织要求，周二、周四、周六、周日有英文导游服务（📞 03 45 90 29 95 @ www.tokyocycling.jp），大约6小时的行程，费用10 000日元，包括租自行车、导游、保险和午餐的费用。

骑自行车环游城市是一种很棒的旅行方式。京都单车游览项目（Kyoto Cycling Tour Project ¥ 900日元以上 📞 07 53 54 36 36 @ www.kctp.net/en）提供3～4小时的主题旅行，包括烹饪课程。

滑雪运动

日本是世界上降雪量最大的国家之一，有700个滑雪场。冬季运动爱好者能在北海道找到很好的运动场地，这里每年约有5个月积雪，与其他滑雪中心相比这里还有越野滑雪项目。札幌附近的滑雪场（@ www.welcome.city.sapporo.jp.）是日本最大的滑雪场，在志贺高原（Shiga Kogen @ www.ski-resorts-japan.com/shiga-kogen）上，由70多条缆车相连，从东京乘坐特快列车可在90分钟内到达。最具挑战性的奥运滑雪场是2 000米高的白马谷，这里的场地一直开放至每年5月初。Happo One酒店是白马谷酒店中"滑雪怪才"的首选，该酒店十分欢迎外国游客。您可以在 @ www.snowjapan.com 查询相关信息，包括地图、缆车数量、价格、滑道长度、难度以及天气预报。在滑雪视频网站 @ www.snowjapan.tv 您能看到这些区域滑雪的视频。

海滩和冲浪

虽然日本是一个狭长的岛国，人们却很难在这里找到热带景观和被细心保护的海滩。于是越来越多的度假海滩被建设起来，许多冲浪爱好者、皮划艇运动员、游泳爱好者都乘火车前往。镰仓的湘南海滩是最受欢迎的，距离东京50千米，乘坐火车很方便。相对而言，安静的太

户外活动

平洋适合冲浪初学者。夏季时海滩上经常举行派对,职业冲浪爱好者前往颇受水上运动爱好者欢迎的伊豆半岛的白水海滩,从东京出发搭乘廉价火车到达白水海滩只需要3小时。石垣岛(Ishigaki)和小笠原群岛(Ogasawara)南部岛屿的冲浪条件非常好,但由于距东京约2 000千米,只能乘飞机或船只(从东京出发需26个小时)抵达。@ www.outdoorjapan.com

相扑

这个在日本据说有2 000年历史的民族运动其实并没有那么难以理解。两个几乎可以说是裸体的超重巨人相互推搡,只要一方将另一方推出界外或是推倒就可获胜。整个过程所用时间很少超过3分钟(@ www.sumo.or.jp/eng/index.html)。比赛场的气氛热烈,加油呐喊的声音甚至超过了一些迪斯科舞厅的声音,运气好的话您不仅能近距离欣赏那些梳着油发的巨人,还可以短暂触碰他们一下。这项运动有一个严格的等级排名,每年的6场比赛后决定选手的晋级或者降级。只有相扑运动的最高头衔——横纲(Yokosuna)——是不会被降级的,职业生涯结束后这些人大多都能接管或成立相扑学校。只有预约登记才能参观相扑,例如东京的出羽海部屋(Dewanoumibeyam)相扑馆。📞 03 36 32 49 20

剑道士在切磋

徒步旅行

在日本,跟随旅行团"散步"往往很无聊:人们下巴士后步行约300米到达著名的观景点,逛一逛纪念品摊位然后返回巴士。这个80%国土由山区组成的国家为真正的徒步提供了许多可能性。有趣的是,许多朝圣者经常为了精神追求会徒步前往四国的88个寺庙或神圣山脉中的和歌山。您应当准备好个人的徒步旅行,因为有的道路或许无法前进,有的路口或许只有日语路标。日本阿尔卑斯山脉的上高地山脉(📞 02 63 95 24 33 @ www.kamikochi.or.jp/english)是较为小众的徒步旅行地之一。

带着孩子旅行

孩子在就餐、入住酒店和乘坐公共交通方面不会遇上什么麻烦，可狭窄的城市、拥挤的街道以及很少的自由活动时间对于他们而言不是特别理想。您可以在 @ www.tokyowithkids.com 上获得儿童节日和公园主题活动的相关信息。

日本北部

留寿都度假村（Rusutsu Resort）（折页 H3）

这个游乐园位于洞爷湖，是一个带有日式游乐场风格的巨大混凝土建筑群，里面有儿童旋转木马、圣诞商店和一个宠物小精灵世界。拥有童心的人一定会喜欢这里的60个游乐设施，包括刺激的过山车以及充满毛绒动物和神奇飞毯的奇幻世界。在这里您同样能参与滑雪、狗拉雪橇、超级游泳池和马上观光等活动。🏠 留寿都村（Rusutsu Mura）🕘 9:00—17:00 ¥ 日票4 950日元，儿童（12岁以下）3 950日元 📞 01 36 46 31 11 @ rusutsu.co.jp

日本东部和中部

江户东京建筑园（Edo Tokyo Open Air Architectural Museum）（折页 G7）

孩子们可以在小金井公园（Tokyo Koganei Park）宽敞的绿地上嬉戏欢闹，长辈们则可以在真正古老的房屋、浴室和商店中感受东京人过去是如何生活的。乌冬面餐厅还有特别的展览，能够给这次家庭旅行留下一个难忘的体验。🕘 周二至周日；4—9月 9:30—17:30，10月至次年3月 9:30—16:30 ¥ 400日元，儿童200日元 📞 04 23 88 33 00 @ www.tatemonoen.jp/english

当地精选 儿童职业体验乐园（Kidzania）（折页 f5）

乐园面向2～15岁的儿童，提供足以让他们为之兴奋到尖叫的90种不同的活动体验。在这个东京最大的"儿童托管所"，孩子们可以身穿日本的公司制服，在专业人员的指导下体验50种各式各样的职业。这个理念因其新颖、有趣和教育性强的特点备受欢迎，被称作是最好的"寓教于乐"之地。🕘 9:00—15:00，16:00—21:00 ¥ 根据年龄和时间不同，2 900~4 900元不等 📞 03 35 36 84 05 需要在 @ www.kidzania.jp/tokyo/en 中提前预约

东京迪斯尼乐园（Tokyo Disneyland）（折页 G7）

东京迪斯尼乐园是日本最受欢迎

> 日本人喜爱游乐园，游乐园给所有儿童和他们的家长带来快乐和刺激，他们完全不会有沟通上的障碍。

的家庭出行目的地，虽然是美国加利福尼亚迪斯尼游乐园的复制版，但在这里却诞生了世界上第一个海洋主题公园，即东京迪斯尼海洋乐园。周末和假期，您很有可能不得不在23个项目的其中之一排长达2个小时的队。🕐 周一至周五 9:00—22:00，周六、周日8:00—22:00 ¥ 日票（两个主题公园）7 400日元，儿童（11岁以下）4 800日元 🚌 乘坐JR京叶线到舞滨站，或者从东京中央车站（东京站，八重洲出口）乘坐直达巴士 📞 04 53 30 52 11 @ www.tokyodisneyresort.co.jp/en

日本西部

海游馆（Aquarium Kaiyukan）（折页 E8）

与大阪天保山的海洋生物面对面接触：海游馆水族馆是世界上最大的海洋馆之一。这里包含了太平洋几乎所有的生物。您可以在14个展区看到超过3.5万种不同的生物，包括巨型鲸鲨。🕐 10:00—20:00 ¥ 2 300日元，儿童600～1 200日元 📞 06 65 76 55 01 @ www.kaiyukan.com/language/german

海之中道海滨公园（Uminonakamichi Seasiders Park）（折页 B8）

这个日本西部最大的休闲游泳馆里有一个"阳光泳池"，其中包含6个游泳池（🕐 仅在7月中旬至8月底开放），另外还有大型蹦床、游乐场、摩天轮和许多小吃摊。这里全年每个季节都有活动可以参加，水族馆海洋世界也值得一看。🏠 西户崎（Oaza Saitozakic）🕐 3—10月 9:30—17:30，11月至2月 9:30—17:00 ¥ 410日元，儿童80日元 📞 09 26 03 11 11 @ yokanavi.com/eg/theme/detail/85

每月节庆与活动

如果节日是在周末的话，周一就会补上调休。主要的假期和旅游时间（交通拥堵、人满为患的时候）是5月初的黄金周、8月中旬祭奠先祖的孟兰盆节和12月23日的天皇诞生日，届时皇室成员会在皇居阳台上露面。

节庆

1月

新年（12月31日至次年1月3日）：人们要参拜寺庙，走访亲友和工作伙伴，互送礼物，以及享受丰盛的食物。

1月第2个星期一：当地精选▶成人节：年轻人身着华丽的服饰走过大街小巷。

2月

节分（2月3日）：人们在神社和寺庙里一边喊着"鬼出去，福进来！"，一边撒着豆子。

★冰雪节（2月第1周）：札幌大同公园的冰雪节，有著名的建筑物和奇幻形象的冰雪雕塑。@ www.snow-fes.com

当地精选▶裸体节（第3个周六）：日本冈山县西大寺市（Saidaiji）有一个庆祝洗净的习俗，青年男子身系兜裆布，一起争夺由住持抛出的宝木。

3月、4月

女儿节（3月3日）：女孩子会得到旧式宫廷风格的人形娃娃作为礼物。

樱花节（3月底、4月初）：享受美食、美酒、歌声的民间节日。最大的樱花盛会在东京上野公园（Ueno Park）举行。

5月

男孩节（5月5日）：有儿子的家庭会竖起竹竿，让缤纷的鲤鱼旗在空中飘扬，象征勇猛和坚韧。

当地精选▶三社祭（5月16日至18日）：人们敲锣打鼓，抬着80个左右的神舆，将其运往东京浅草神社。

日光东照宫春季例大祭（5月17日至18日）：千名作武士打扮的男子骑马佩剑，护送神舆。

7月

京都祇园祭（7月17日）：艺伎在

日本最大的民俗节始于春天——大概只有2月份的冰雪节才能达到全民参与的程度。

华丽的花轿里进行盛大的节日游行。

东京墨田区隅田川的花火大会（7月第3、4个周六）。

8月

青森睡魔祭（8月2日至7日）：青森市的花车巡游。

苗场（Naeba）富士摇滚音乐祭（8月初）：尽管门票超过40 000日元，还是源源不断地吸引了25万粉丝。

奈良春日大社的万灯笼节（8月15日）：3 000盏灯点亮了通向神社的道路。

孟兰盆节（8月中旬）：这是佛教徒追思先祖的节日。

10月

京都时代祭（10月22日）：为了纪念794年迁都京都，人们身着古代服装游行前进。

11月

当地 锦囊 七五三节：在这个儿童节日里，3岁、7岁女孩和5岁男孩精心打扮去神社或寺庙里参拜祈福。最热闹的是东京的明治神宫。

节庆日

1月1日	新年
1月第2个星期一	成人节
2月11日	建国纪念日
3月20日、21日	春分
4月29日	绿节
5月3日	宪法纪念日
5月4日	绿化节
5月5日	男孩节
7月20日	海之节
8月11日	山之节
9月15日	敬老节
9月23日、24日	秋分
10月第2个星期一	体育节
11月3日	文化节
11月23日	劳动感谢节
12月23日	天皇诞生日

旅行随时查

网页／博客

www.japan-guide.com　信息全面的旅游门户网站,有最新的信息、照片、服务。(英文网站)

web-japan.org/links　提供政治、商业、文化、旅游、体育、媒体等领域的综合信息。(英文网站)

www.tokyofoodlife.com　推荐最受欢迎的日本菜和餐馆。报道过

东京隅田河流上的晚餐游船和一位成功的意大利餐厅老板在灾区的救援行动。(英文网站)

www.geishablog.com　这个日本博客网站提供关于日本创新产品的一些令人激动的故事,包括漫画、时尚、音乐、购物等。(英文网站)

www.wordpress.tokyotimes.org　摄影师李·查普曼(Lee Chapman)从不同方面通过图片和文本介绍了他的第二故乡东京。(英文网站)

> 无论是准备出行还是已到达，这些网址和信息都能够为您的旅程提供帮助。

www.virtualtourist.com/asia/japan 在各种情况下去日本的体验、经验和技巧。

www.budgetyourtrip.com/japan 在这里您可以了解关于旅行成本的建议。

short.travel/jap1 《日本延时之旅》（Hayaku——A Time Lapse Journey Through Japan）是加拿大导演Brad Kremer拍摄的关于日本的艺术情感类影片。

short.travel/jap2 在日本国家旅游局（JNTO）的视频频道上您可以找到关于日本的报道、访谈和动漫。许多视频有英文字幕。

www.nhk.or.jp/kawaii-i 所有喜欢"卡哇伊"的人的福利：日本"Kawaii International"公共电视频道展示了从洛丽塔到辣妹再到甜美女孩各种亚文化的最新趋势和分析。

视频／音乐

Japan Map (itsumo NAVI) 可以在iPhone和iPad上使用的简单直观的导航系统。

Line 日本下载量最大的社交软件之一，使用免费，其用户群体喜欢用搞笑的表情作为聊天的调剂。

GuruNavi 搜索餐厅的最佳应用程序。可以根据当前环境、餐厅类型或预算列出餐厅。经常提供折扣或免费饮料。

Triposo 游览东京、大阪、京都的理想导航软件，有地图，可以选择游览类别（博物馆、建筑、徒步线路等）。还可以作为货币换算器使用，也提供天气信息和有用的日语短语。适用于iPhone、iPad和Android。

Imiwa 日语词典，有助于理解日文。适用于iPhone和iPad。

Apps

本出版社对以上网址提供的内容概不承担法律责任。

实用信息

地址

在日本,寻找地址简直是最大的挑战——即便对于当地人而言也不例外。这个国家大多数地方都没有街道名称。如果您想要去"东京大田区(Otaku)田园调布(Denenchofu)5-4-13",您可以这样找:东京大田区的田园调布町,5町目-4番地-13号房。13号房不一定在12号和14号房中间,而是在这片区域的某一处。出租车司机也经常对此感到绝望。最好是您有详细的路线图以及联系电话,这样司机找不到路了可以随时打电话。大城市的分区为人们提供了大方向上的指引,本书中的大部分地点没有提供具体的地址,而是注明了电话号码和街区。

绿色出行

旅行时,您也可以改变世界,比如时刻提醒自己在旅程中尽量选择较少二氧化碳排放的交通方式,学习如何以环保的方式规划您的路线。同时也要注意,尽量保护旅行国家的自然和文化。作为游客,保护自然环境、保护区域特色、减少自驾、节约用水等保护生态环境的举措是非常重要的,请务必多加关注。

到达

直达航线有从北京出发(中国国航、南方航空、东方航空),上海出发(中国国航、东方航空、吉祥航空),广州出发(南方航空、深圳航空)。天津、重庆、济南、成都、大连、西安、乌鲁木齐、厦门等很多中国的大中城市也都有直飞日本的航线。中国飞往日本的航班将落地东京羽田机场、东京成田国际机场、大阪关西国际机场以及名古屋中部航空国际机场。从北京出发直飞时长约3小时30分钟,票价人民币2 500元左右;上海出发时长约2小时40分钟,票价人民币1 550~2 450元不等;广州出发时长约3小时55分钟,票价人民币2 400元左右,乘坐国泰航空等中转香港的航班较为便宜,票价人民币1 700元左右,时长约9小时25分钟。

从成田机场到东京市中心最便捷的方式是乘坐成田特快(NEX),直达东京站(中央火车站 🕐 53分钟 ¥ 二等舱3 020日元 @ www.jr.co.jp./en)。车票和座位可以在乘车前进行预订。如果您行李较多,您可以选择机场巴士(¥ 3 000日元),可以到达东京站或东京所有的主要酒店,平均路程为70分钟,高峰时段可能会远超这个时长。从大阪湾的关西机场到市中心也类似。乘坐出租车要注意:这可能会花费25 000日元。出于安全原因,警方还提醒不要乘坐私人黑车。日本机场提供配送行李服务,很容易找到。行李当天送达,每件费用是

从开始到结束：旅行中不可或缺的信息。

1 600日元。但不懂日语的话有时就很难享受这个服务。

问询中心

日本国家旅游局（JNTO）

日本国家旅游局免费发放能够帮助您省钱的旅游宣传手册，比如说价格友好的"受欢迎酒店"名册。🏠北京市朝阳区东三环北路5号，北京发展大厦4层410室，邮编100004 📞 0 10 65 90 85 68 @ http://www.welcome-2japan.cn/

日本JTB旅行社

在这里您可以购买到日本铁路通票。JTB新纪元国际旅行社：🏠北京市朝阳区东方东路19号亮马桥外交办公大楼D01-0-501，邮编100600 📞 0 10 65 88 42 20 @ www.jtb.com.cn；JTB上海佳途：🏠上海市浦东南路1877号东旅大厦15楼，邮编200122 📞 0 21 33 27 67 00 @ www.jtb.com.cn；JTB（广州）国际旅行社：🏠广州市林和西路9号耀中广场A塔901－903室，邮编510610 📞 0 20 38 10 31 82 @ www.jtb.com.cn

日本国家旅游局（JNTO）的英文服务处能够为您提供帮助【东京：🏠东京新丸大厦（Shin Tokyo Building）一层 🕘 9:00—17:00 📞 03 32 01 33 31】。另外日本还有525个游客中心（TIC），您都可以在 @ www.jnto.go.jp/eng. 上查询到相关信息。

铁路

对于几乎所有的路线来讲火车都可以说是理想的交通工具。车厢干净，旅途安全有保障，能够准点出发和到达，上车的站台也有明显标记。铁路公司有好几家，在有些线路上私营的火车相比国营的火车要更快，票价也更便宜。车票仅对各自公司的火车有效！您可以在自动售票机上购买短途旅行的车票，长途旅行的话最好在游客中心购买。日本铁路通票值得推荐，凭该通票您可以在一周、两周或者三周内任意乘坐JR线路（包括JRS火车）上的任意列车。该通票仅可在日本JTB旅行社购买 @ www.jrpass.com。

露营

日本大约有2 800个公共露营地（也有帐篷和平房出租），其中许多只在7—8月营业。日本国家旅游局发行了一本 当地 精装▶ 日本露营的详细指导手册。在周末和假期这些地方往往非常拥挤。

货币汇率

1人民币=17.0841日元
1日元=0.0585人民币

日本

外事机构

中华人民共和国驻日本大使馆（东京）

🏠 3-4-33，东京都港区元麻布 📞 03 34 03 33 88 @ www.china-embassy.or.jp

中华人民共和国总领事馆（大阪）

🏠 3-9-2，大阪府大阪市西区靱本町地区 📞 06 64 45 94 81

入境

游客必须持有在日停留期间有效的护照。中国游客的日本旅游签证有3种，分别为单次往返、三年多次往返和五年多次往返，均需要向指定旅行社提交申请。

地震

如果发生地震，请您在疏散时务必遵守官方指示，若有疑问，请参照大多数当地人的行动路线。无论如何请您保持冷静，在酒店的话请停留在该楼层，并找到相对安全的地方躲起来，如门框或桌子下面。切勿使用电梯。在户外的话尽量寻找一个没有东西可以倒下来的空旷地带。逃跑时不要携带任何可能成为累赘的行李。

银行/货币

兑换货币的最佳场所为机场或酒店。大型银行的分行也可以兑换货币，还有大城市的一些主要邮局和百货公司（还能兑换旅行支票）。大城市的酒店和许多餐厅都接受信用卡支付。在小商店和乡镇需要现金支付。信用卡可以取现，同时需要支付手续费。目前国际性自动取款机越来越多（提供英文界面）。

医疗

游客无须事先接种疫苗。您需要的药品请务必带在身上。紧急情况下可以向东京医学疗诊所（🏠 森大厦32号，芝公园 📞 03 34 36 30 28，紧急情况下拨打 📞 03 34 32 61 34）求助。这家诊所的所有医生和护士都会说英语。圣路克医院诊所（🏠 东京中央区 📞 03 35 41 51 51）的医护人员也会讲英语。

境内航班

境内航班主要由日本航空和全日空航空公司运营。某些特定航线也有小型公司加入运营。具体信息请咨询游客中心，或访问 @ www.jal.com，www.anaskyweb.com。

网络/无线网

网吧无处不在，各大酒店、图书馆和市政厅都有电脑终端。免费的无线网络覆盖范围越来越广，尤其是在咖啡店和小型旅馆。多数大酒店一般收取国际惯常的网络费用。在火车上和火车站里只有连接付费网络才能上网。多数日本App只能使用本地语言。如果用中国的网络运营商连接网络和App，您必须将高额的漫游费用考虑在内。

实用信息

气候/旅游时间

春天的气候是最宜人的，尤其是樱花盛开的3月和4月；秋天有极美的秋叶景色，11月和12月初温度适宜。6—8月并不合适，这期间降雨频繁并且十分闷热。冬天可以去北海道，本州北部和山区会非常寒冷，降雪也非常猛烈。

媒体

日本有两家英文日报——《日本时报》和《读卖新闻》。免费杂志 Metropolis、J Select、Tokyo Classified 和《关西Time Out》（可以在酒店、超市、书店买到）会介绍餐厅和举办活动的信息。在日本可以通过当地的有线电视收看到中央电视台的几个国际频道，也可以看到中央电视台综合频道和财经频道的部分节目。《中文导报》是在日华人最推崇的中文免费报纸，内容集新闻信息、服务信息与电子商务为一体，可以在Laox免税店、料理店等地点获取。

增值税

日本的消费税是8%。您在多数商场和百货商场消费时出示有效的外国护照，消费税可予以免除。@ www.taxfreeshops.jp

租车

不建议租车。中国驾照在日本是不被认可的，日本只承认加入"日内瓦协议"的国际驾照，中国驾照不在此列。中国驾照的公证件在日本也是不被认可的，只有拿着自己的驾照去使馆做一个认证才可以租车。

它们值多少钱

咖啡	人民币24元 咖啡店的一杯咖啡
啤酒	人民币32元 一小杯
面汤	人民币39元起 一份简单的面汤
博物馆	人民币39元起 门票
扇子	人民币197元 一个礼品扇
地铁	人民币8元起 一张单程票

紧急呼救

警察：📞110（英文服务 📞03 35 01 01 10），火警/急救：📞119，求助热线：📞05 70 00 09 11

公共交通

大城市中有彩色标记并设置英文路标的地铁线路系统有助于人们定位，而乘坐郊区的列车就往往很难找到正确的线路并买对车票。如果有疑问可以询问列车员，他将帮助您根据车程计算正确的车票费用，同时向您收取一小笔附加费。

日本

邮政

寄往亚洲别国的明信片邮资为45日元，10克以下的信件是83日元。邮政支局的营业时间通常是周一至周五9:00—17:00，邮政总局为9:00—19:00。一些邮政总局周末也同样营业。

价格/货币

物价水平总体较高——与伦敦或纽约的物价标准相当。日本的货币是日元。硬币最大面值是500日元，纸币最大面值是10 000日元。

电源

日本使用110伏交流电，用电插座为双平脚插座。出发之前建议您准备一个旅行用转换插头。

电话/手机

从中国拨往日本的电话加0081，然后加地区区号（去掉第一个0），加用户电话号码。

从日本向外国打电话，首先必须加电话运营商代码（例如，KDDI为001，Nicon Telecom为0041），然后是国家代码（中国加86）加区号（去掉0）加用户电话号码。

酒店和机场提供KDDI运营商的信用电话，可接受信用卡支付。总机号码为0051。

东京天气

	1月	2月	3月	4月	5月	6月	7月	8月	9月	10月	11月	12月
日间气温（°C）	9	9	12	18	22	25	29	30	27	20	16	11
夜间气温（°C）	-1	-1	3	4	13	19	22	23	19	13	7	1
每天日照时长	6	6	6	6	6	5	6	7	4	4	5	5
每月降雨天数	6	7	10	11	12	12	11	10	13	12	8	5

☀ 每天日照时长　☂ 每月降雨天数

实用信息

日本政府为游客设立了旅游专线电话。如果您遇到困难或是想要咨询问题，英文电话服务可以帮到您。在公共电话亭里您只需要投入10日元，拨打106，向游客中心（TIC）请求英文的通话就行了。

所有关于在日本使用移动电话的必要信息您都可以在 @ japan-guide.com 上找到。许多企业都为外国游客提供手机的租赁服务，可以提前预订，然后手机会准时送到酒店或是机场（ @ www.rentafonejapan.com ）。

会有一些很显眼的，非常梦幻的或灯光花哨的旅馆，这些被叫作"情趣酒店"。这些不是色情场所，入住的是伴侣，也有可能是夫妻，他们为了暂时逃开家庭的限制，寻求片刻放松而入住这里。这些酒店对于不熟悉的游客来说是不适合的，但是那些对日本已经相当熟悉的人可以在这里度过非常舒适的一夜，价格也很便宜，尤其是对于需要晚上登机的人而言更是如此，毕竟这时候正常的公共交通已经不再运营了。

小费

无论是在餐厅用餐、乘出租车还是对帮忙提箱子的人，给小费都不是日本文化的一部分。

住宿

日本也有价格相对便宜、简单的住宿旅馆，但不怎么值得推荐。游客经常抱怨这些地方卫生条件差，常常是和几个人一起睡在一间客房里的榻榻米上。早餐就只有米饭配冷的鱼肉，往往只提供绿茶，没有咖啡。外国人由于语言不通不受欢迎也是可能发生的事。遗憾的是，即使在日本的年轻一代中，英语依然不是必需的。商务酒店一般很拥挤，烟雾弥漫，在那里很少能看到妇女。还有所谓的胶囊旅馆，通常在火车站附近，也不推荐。

大城市附近的高速公路上尤其

语言

不懂日语的话一个人在日本旅行可能会有些麻烦。尽管英语在学校是多年的必修课，但是多数日本人不会真正去说外语。多点友善和耐心还是能克服这些困难的。

时差

日本位于东九区，比中国时间早1个小时。

海关

可免税带入日本的物品包括：3瓶酒，400支香烟、100支雪茄或500克烟草，60克香水以及价值不超过20万日元的物品，但不包括香肠或其他肉类产品。如果您想带植物或动物入境，您必须遵守目前的检疫规定。

教你当地话

常用表达

是/不是/也许	はい/いいえ/たぶん
请/谢谢	どうぞ/ありがとう
对不起！/打扰了！	すみません！
我可以……吗?	...してもいいですか？
抱歉，请再说一遍。	すみません。もう一度お願いします。
我想……/您有……吗?	...はありますか？
……多少钱?	...はいくらですか？
我(不)喜欢这个。	...は気に入りました(入りません)。
好/坏	良い/悪い
坏了/不能正常运转	壊れています
请帮忙一下！注意！警告！	助けて！/気をつけて！/気をつけて！

问候/告别

早上好！/下午好！	おはようございます！/こんにちは！
晚上好！/晚安！	こんばんは！/お休みなさい！
你好！/再见！	こんにちは！/さようなら！
拜拜！	それじゃ、またね！
我叫……	...と申します
您/你叫什么?	お名前を教えてください？
我来自……	...から来ました

询问日期/时间

周一/周二	月曜日/火曜日
周三/周四	水曜日/木曜日
周五/周六	金曜日/土曜日
周日/工作日	日曜日/平日
假期	祝日

您会说日语吗?
这里有重要的常用词汇和表达方式。

今天/明天/昨天	今日/明日/昨日
小时/分钟	時間/分
白天/晚上/一周	昼間/夜中/週間
月/年	月/年
现在几点了?	今何時ですか?
3点钟。	三時です。

交通

开/关	開いています/閉まっています
入口/出口	入り口/出口
出发/到达	出発/到着
卫生间/女性/男性	お手洗い/女(性)/男(性)
……在哪里?	...はどこですか?
右/左	右/左
一直向前/后退	まっすぐ/戻る
近/远	近い/遠い
地铁/出租车	地下鉄/タクシー
公交站/出租汽车站	停/タクシー乗り場
地图	地図
车站/港口	駅/港
机场	空港
时刻表/车票	時刻表/切符

用餐

可以帮忙预订一张今晚的四人桌吗?	今夜の四人分の席を予約したいのですが?
菜单,麻烦你。	メニューをお願いします。

日本

我能点……吗?	...を頂いてもいいですか?
盐/胡椒/糖	塩/こしょう/砂糖
结账,谢谢。	お勘定お願いします。
发票/收据	お勘定/領収書

购物

哪里可以找到……?	...はどこにありますか?
我想要……/我在找……	...を探しています
药店/生活用品商店	薬局/ドラッグストア
面包店/市场	パン屋/市場
超市	スーパー
贵/便宜/价格	高い/安い/値段

住宿

我预订了一间客房。	部屋を予約したのですが。
还有剩下的……吗	...はまだありますか
单人间	シングルルーム
双人间	ダブルルーム
早餐/半食宿/全食宿	朝食付き/二食付き/三食付
淋浴/泡澡	シャワー/お風呂
钥匙/房卡	鍵/カードキー
行李/箱/包	荷物/スーツケース/かばん

银行/货币

银行/自助取款机	銀行/ATM
我想换……人民币。	...人民元を両替したいのですが。
现金/借记卡/信用卡	現金/ヨーロッパのキャッシュカード/クレジットカード

健康

医生/牙医/儿科医生	医者/歯医者/小児科
医院/急诊	病院/当番医

教你当地话

发烧/疼痛	熱/痛み
腹泻/呕吐	下痢/吐き気
感染/受伤	炎症があります/怪我をしました
创可贴/绷带/止疼药/药片	ばんそうこう/包帯/痛み止め/錠剤

电话/网络

邮票/信	切手/手紙
明信片	葉書
我想要一张固定电话卡。	固定電話用のテレフォンカードを下さい。
我想要一张预充值手机卡。	携帯電話用のプリペイドカードを探しています。
插头/转换器/充电器	コンセント/アダプター/充電器
电脑/电池/蓄电池	コンピュータ/電池/充電池
网络连接/无线局域网	インターネット接続/無線LAN
电子邮件/文件打印	メール/ファイルを印刷する

数字

0 ゼロ	15 十五
1 一	16 十六
2 二	17 十七
3 三	18 十八
4 四	19 十九
5 五	70 七十
6 六	80 八十
7 七	90 九十
8 八	100 百
9 九	200 二百
10 十	1 000 千
11 十一	2 000 二千
12 十二	10 000 一万
13 十三	1/2 二分の一
14 十四	1/4 四分の一

索引

Abashiri 网走市 128
Aizu Wakamatsu 会津若松 34
Aomori 青森 35、137
Arashiyama 岚山 90
Asahi Dake 旭岳 129
Asahikawa 旭川 129
Beppu 别府 104、119
Byodoin 平等院寺庙 91
Chatan 北谷 114
Chiba 千叶县 42
Chikatsuyu 近露王子 125
Chiran 知览 110
Daisetsuzan National Park 大雪山国家公园 129
Dejima 出岛 110
Dogo Onsen 道后温泉 123
Enryakuji 延历寺 91
Fujisan 富士山 26、42、44、61、68、120
Fukuoka 福冈 107、119
Fukushima 福岛 12、13、34
Fushigami Oji 扶拜王子 126
Gyokusendo 玉川堂 115
Hachimantai Chojo 八幡平顶 37
Hakata 博多 107、119
Hakone 箱根 43
Hieizan 比叡山 87
Himeji 姬路 69、118
Hiroshima 广岛 11、74、119
Hokkaidō 北海道 34、40、127、132、143
Honshu 本州（岛）34、42、97、132、143
Horyuji 法隆寺 96
Hosshinmon 发心门王子 126
Imabetsu 今别町 35
Ise Jiingu 伊势神宫 42、54、117
Ishigaki 石垣岛 132
Itoman 系满市 113
Iwaobetsu Onsen 岩尾别温泉 129
Iwate 岩手县 36
Izu Peninsula 伊豆半岛 68、132
Izu National Park 伊豆国家公园 68
Japanese Alps 日本阿尔卑斯山脉 37、42、49、50、51、133
Kabukiza 歌舞伎座 66
Kagoshima 鹿儿岛 108
Kamakura 镰仓 27、42、45、132
Kamui Wakka no Taki 神威之水温泉瀑布 128
Kanazawa 金泽 47
Kap Ashizuri 足摺岬 124
Kap Kyan 凯恩角 115
Katsura Rikyu 桂离宫 92
Kawaguchiko 河口湖 120、121
Kawasaki 川崎 42
Kegon Waterfall 华严瀑布 56
Kii-Tanabe 纪伊一田边 125、127

Kitayama Mountains 北山 92
Kobe 神户 12、70、77、118
Kochi 高知县 124
Kompirasan 金刀比罗宫 123
Kotohira 琴平 123
Koyasan 高野山 103
Kumamoto 熊本 108
Kumano Hongu Taisha 熊野本宫大社 126
Kyoto 京都 10、20、33、68、78、118、132、136、137
Lake Ashi 芦之湖 44
Lake Chuzenji 中禅寺湖 56
Lake Toya 洞爷湖 40、134
Manza Beach 万座海滨浴场 114
Matsumoto 松本 50
Matsushima Bay 松岛湾 41
Miyajima 宫岛 76、119
Moon Beach 月亮海滨浴场 114
Morioka 盛冈 36
Naeba 苗场 137
Nagano 长野 42、49
Nagasaki 长崎 11、12、104、110、119
Nagoya 名古屋 52、117、140
Naha 那霸 113
Nakahechi 中边道 125
Nantaisan 男体山 56
Nara 奈良 13、70、92、118、137
Nenokuchi 子之口 37
Niigata 新潟 37
Nikko 日光 42、54
Nikko National Park 日光国家公园 56
Nishinokyo 西京 97
Noribetsu Onsen 登别温泉 40
Noto Peninsula 能登半岛 48
Ogasawara 小笠原群岛 132
Ogi 小城 38
Ogimachi 荻町 51
Ogura 小仓山 91
Ohara 大原 92
Okayama 冈山 97、118、136
Okinawa 冲绳 113
Osaka 大阪 12、20、31、70、74、98、118、135、140
Otaru Mountain 小樽山 40
Otsu 大津市 91
Rausu Dake 罗臼岳 129
Ritsurin Koen 栗林公园 122
Ryotsu 两津 38
Sado 佐渡 37
Saihoji, Jizoin 西芳寺、地藏院 92
Sakurajima 樱岛 108
Sapporo 札幌 38、128、132、136
Sendai 仙台 40

150

在此可查询书中涉及的重要地名和景点，后附相关页码。

Shiga Kogen 志贺高原 132
Shikotsu Toya National Park 支笏洞爷国家公园 40
Shimoda 下田市 68
Shirakami Sanchi 白神山地 36
Shirakawa Go 白川 51
Shiretoko National Park 知床国家公园 127、128
Shiriuchi 知内町 35
Shoshazan Engyoji 书写山园教寺 73
Showa Shinzan 昭和新山 40
Shuzenji 伊豆修善寺 68
Sounkyo Gorge 层云峡 129
Takahara 高原乡 126
Takamatsu 高松 122、125
Takayama 高山 51
Takijiri Oji 泷尻王子 125
Tamagawa Onsen 玉川温泉 37

Tiger Beach 老虎海滨浴场 114
Toba 鸟羽 54
Tokyo 东京 12、13、20、21、22、28、31、32、42、56、117、121、130、132、134、136、137、140、141、142
Tosa Shimizu 土佐清水市 125
Toshodaiji 唐招提寺 97
Towada Hachimantai National Park 十和田八幡平国立公园 37
Tsugaru Peninsula 津轻半岛 36
Utoro 宇登吕 128
Wajima 轮岛 33、48
Yakushima 屋久岛 110
Yashima 屋岛 122
Yokawa 横川 91
Yokohama 横滨 42、61、68、117、121

封面图片： 忠灵塔（Chureito Pagoda）和富士山（huber-images/PictureFinders）
图　片： Corbis: J. Hicks（P.87）; DuMont Bildarchiv: Hackenberg（P.133）; J. Frangenberg（P.94）; Getty Images: P. A. Asikainen（P.130/P.131）, Bohistock（P.137）, K. Ota（P.134/P.135）, Y. Ourabah（P.91）, A. Spatari（P.135）, T. Tontinikorn（P.82/P.83）; Getty Images/Bloomberg: T. Ohsumi（P.20上）; Glow Images: fuzichoco（P.24）; huber-images: T. Draper（P.76）, L. Grandadam（P.84）; huber-images/Limmatdruck（P.30右）; huber-images/PictureFinders（P.5右）; A./R. Köhler（P.5中）; R. Köhler（封二右，P.14，P.47，P.134）; Laif: M. Dorigny（P.111）, M. Gumm（P.31）, T. Kierok（P.44，P.67）, M. Kirchgessner（P.28/P.29，P.30左，P.32/P.33）, F. Moleres（P.106）, Ch. Papsch（P.64）, J.-B. Rabouan（P.123）, J. F. Raga（P.10）, J. Souteyrat（P.60）; Laif/Arcaid: B. Simmons（P.42/P.43）; Laif/hemis.fr: F. Guiziou（P.15，P.33，P.97，P.139）, D. Zylberyng（P.6右上，P.80）; Laif/Polaris: D. Tacon（P.21下）; Laif/Redux/NYT: K. Sasaki（P.20下）; Laif/Redux/VWPics: L. Vallecillos（P.88）; Laif/robertharding: Ch. Kober（P.69）; Look/age fotostock（P.50）; Look/Design Pics（P.112）; Look/robertharding（P.55）; mauritius images: J. F.Raga（P.57，P.72，P.79，P.104/P.105，P.3）, A. Tanner（P.75）, S. Vidler（封二左，P.66，P.99，P.100，P.116/P.117，P.138下）, J. Warburton-Lee（P.138上，P.7，P.70/P.71）; mauritius images/age:（P.8/9，P.53，P.61，P.93，P.119）, L. Vallecillos（P.39）; mauritius images/Alamy:（P.18）I. Masterton（P.22/P.23）, U. Switucha（P.41）; mauritius images/Diversion:（P.34/35，P.109，P.114/P.115，P.128）, S. Kato（P.36）; mauritius images/foodcollection（P.20中）; mauritius images/imagebroker: O. Maksymenko（P.6左下，P.13）; mauritius images/Photononstop（P.32）; mauritius images/robertharding: S. Black（P.49）; picture-alliance: Kyodo（P.102）; picture-alliance/dpa: A. Sato（P.21上），M. Taga（P.25/P.27）; H. Pohling（P.17，P.136，P.136/P.137）; P. Spierenburg（P.19）; vario images/RHPL（P.16）

禁忌事项

握手

当您进入酒店、餐馆或商务场所时会被致以鞠躬礼。当您伸出手想要握手时，日本人会感觉错愕。您作为外国人不必主动握手，用友好的表情示意即可。

忘记换鞋

您入住日本旅馆、去一个铺草席的餐厅用餐、去寺庙或神社祭拜时，必须要脱鞋。日本人更喜欢在上述的环境下穿拖鞋。有一个特别的问题是无鞋区的卫生间。出于卫生考虑人们必须换上在门口放置的卫生间拖鞋才能进入。外国人总是忘记在用完厕所后脱下卫生间拖鞋并换上原来的拖鞋，于是便在日本人的窃笑中穿着卫生间拖鞋缓缓走过去。

蔑视出租车规则

不要抓车门。后面的车门由司机在他的座位上进行打开和关闭操作。如果您不知道这个，会被认为是落伍的。乘客通常坐在后面，除少数例外。司机通常不说英语、汉语等外语，所以不要忘记带上日语的目的地地址。

不洗澡就进公共浴所

在美妙的温泉中泡澡放松时，外国人几乎一直被投以怀疑的目光。日本人担心他们没洗澡就进入公共浴所。一定要让其他人看到自己是认真清洗过的。日本人通常坐在木凳上，用一个小木桶往身上浇水。为了证明您洗得干净一定要带足够的肥皂。

在错误的时间旅游

初夏，5月中旬至6月份，天气有些凉且多雨。7、8月份，日本人自己也抱怨他们的天气。夏末，台风带来了潮湿。春天和秋天的日本是美丽的，但您要避开4月底至5月初的黄金周，因为日本人自己也在这个长假旅游，同样在8月中旬的盂兰盆节也是如此。

争吵

日本人非常厌恶正面的冲突，他们对和谐有强烈需求，认为和睦相处比探索真相更重要。请压制您的情感。日本人说，情感可以被感受。口头表述情感或者让情感被觉察是不文雅的表现。